A VIDA COM CRIANÇAS

COLEÇÃO VIDA EM FAMÍLIA
Coordenadora: Monique Nosé

Marinheira de primeira
Um guia prático para os primeiros cuidados com o bebê
OLIVIA BERNARDES

12 horas de sono com 12 semanas de vida
Um método prático e natural para seu bebê dormir a noite toda
SUZY GIORDANO

Como ouvir as crianças
E responder às suas perguntas mais difíceis
CLAUDE HALMOS

A ciência dos bebês
Da gravidez aos 5 anos – como criar filhos inteligentes e felizes
JOHN MEDINA

A vida com crianças
Para ler nos momentos de sossego e consultar na hora do aperto
LULLI MILMAN
JULIA MILMAN

Lulli Milman
Julia Milman

A VIDA COM CRIANÇAS

Para ler nos momentos de sossego
e consultar na hora do aperto

ZAHAR

Copyright © 2016, Lulli Milman e Julia Milman

Copyright desta edição © 2016:
Jorge Zahar Editor Ltda.
rua Marquês de S. Vicente 99 – 1º | 22451-041   Rio de Janeiro, RJ
tel (21) 2529-4750 | fax (21) 2529-4787
editora@zahar.com.br | www.zahar.com.br

Todos os direitos reservados.
A reprodução não autorizada desta publicação, no todo
ou em parte, constitui violação de direitos autorais. (Lei 9.610/98)

Grafia atualizada respeitando o novo
Acordo Ortográfico da Língua Portuguesa

Revisão: Eduardo Monteiro, Carolina Sampaio
Projeto gráfico e composição: Mari Taboada
Capa: Rafael Nobre/Babilonia Cultura Editorial sobre ilustração de Mariana Massarani

CIP-Brasil. Catalogação na fonte
Sindicato Nacional dos Editores de Livros, RJ

M597v
Milman, Lulli
   A vida com crianças: para ler nos momentos de sossego e consultar na hora do aperto/Lulli Milman, Julia Milman. – 1.ed. – Rio de Janeiro: Zahar, 2016.

(Vida em família)

ISBN 978-85-378-1564-9

1. Família. 2. Educação para a vida familiar. I. Milman, Julia. II. Título. III. Série.

16-31765

CDD: 306.87
CDU: 392.3

Para Pérola, Suzana, Julia, Diana, as crianças da minha vida,
e José, Chloe, Cecilia, Francisco,
a renovação da alegria.

L.M.

A Iso e Lulli, que cuidaram da minha vida de criança,
a Pérola, Suzana e Diana, que a compartilharam comigo,
a Julio, parceiro na vida com crianças, e
a Cecilia e Francisco, que me fizeram adulta.

J.M.

"E assim nossa entonação de voz contém a nossa filosofia de vida, aquilo que a pessoa pensa das coisas a cada instante. Sem dúvida aqueles traços não eram tão somente delas. Eram de seus pais. O indivíduo está mergulhado em algo mais geral do que ele. Destarte, os pais dão alguma coisa mais que esse aspecto habitual que constitui as feições e a voz: dão determinadas maneiras de falar, frases consagradas que, tão inconscientes como uma entonação e quase tão profundas, indicam, como essa, um modo de encarar a vida."

Marcel Proust, *À sombra das raparigas em flor*,
em tradução de Mario Quintana

Sumário

Introdução: Ser pai e mãe hoje   11

1. Famílias: aconchego e confusão   17
Os diferentes tipos de família • Todos juntos na mesma casa • As famílias monoparentais • Pai e mãe separados • Guarda compartilhada • Alienação parental • As famílias homoafetivas • A família ampliada

2. Dividindo o cuidado: parcerias e ajudas   44
A importância de se ter ajuda, seja ela qual for • Quando o bebê nasce, quem ajuda? • Creche, avós ou babá – as vantagens e desvantagens • Escolhendo a escola

3. Chupeta, mamadeira, paninho e... um pouquinho sobre o peito   67
O uso e desuso de tais acessórios • Quando usar e até quando • O pai e a amamentação • O desmame, seja da mamadeira, seja do peito • Chupar dedo • O acessório querido e indispensável

4. Dormir: como, quando, onde e com quem *85*

Para recuperar o sono perdido • Algumas propostas para colocá-los para dormir • Sobre a cama compartilhada • O sono com um recém-nascido • As crianças de hoje dormem pior que as de ontem? • Dormindo fora de casa

5. Comer: necessidade, prazer e jogo de poder *101*

Alguns problemas de alimentação e propostas para virar o jogo • Comer em família • A hora de comer sozinho e os bons modos à mesa

6. Brigas e castigos: assuntos difíceis *118*

Por que a gente briga e como evitar os aborrecimentos e conflitos mais sérios • Refletindo sobre o que é falta de respeito • O que devemos considerar quando o assunto é castigo

7. A psiquiatria da vida cotidiana *142*

Será que tem mesmo remédio para tudo? • Outras escolhas de apoio • Será déficit de atenção e hiperatividade?

8. O sexo e as crianças *153*

Por que é tão difícil falar sobre sexo com crianças • A sexualidade deles • Masturbação • Felipe se vestiu de princesa e Rita detesta saia • A sexualidade dos adultos

9. Dois assuntos na ordem do dia: *bullying* e eletrônicos *168*

Bullying: como identificar e de que forma agir • As crianças e os eletrônicos: como organizar o acesso a joguinhos, computadores, internet e afins • Os principais pontos a considerar para regular esse uso • As redes sociais e os canais do YouTube

Agradecimentos *183*

Introdução: Ser pai e mãe hoje

Parece tão natural a existência desse grupo humano a que chamamos família que a gente acaba se perdendo sobre seu sentido, sua necessidade e sobre qual nosso papel dentro dele. Até as bases para defini-lo – e como pareciam imutáveis há tão poucos anos! –, tais como a diferença de gerações e a diferença de sexos, já não funcionam mais da mesma forma. E é ainda mais estonteante porque na família, a cada hora, temos um papel – às vezes pais, às vezes filhos, cônjuges, companheiros, amantes. São muitos papéis! E tem mais: aquela linda família, harmoniosa, cor de rosa, é, na vida real, de todas as cores e tons. Vermelho, preto, cinzentinho, incluindo divergências, diferenças, aborrecimentos e, de repente, até mesmo uma gritaria de morrer de vergonha. O tempo, que dá o tom da cena, vai passando e determinando as mudanças: os que vão amadurecendo substituem os que vão envelhecendo, os que vão nascendo perpetuam os que vão partindo.

Mas não é só o tempo que modifica os momentos: a quantidade de afetos que circulam na vida familiar pode ter o mesmo efeito. Muitas vezes, submersos pelos milhares de sentimentos que esse convívio nos desperta, ficamos sem medidas para julgar o que é razoável, o que é respeitável, o que é inadmissível. Difícil medir se estamos sendo exigentes demais ou de menos. E do pessoal lá de casa? O que dá para esperar deles? Uma tolerância irrestrita a nossos hábitos? Para alguns – e às vezes esse *alguns* mora com a gente – pode ser intolerável a televisão ligada no futebol de domingo, as calcinhas no boxe, os brinquedos na sala, as piadas do pai, as comidas da mãe, as roupas pelo chão, as coisas fora do lugar, e por aí vai. E isso sem falar nas grandes expectativas: esperar que o esforçado baterista vire engenheiro, que os pais achem super jogar Minecraft, querer que todos amem correr a maratona, que papai trabalhe menos e que mamãe fale mais baixo... É pena, mas não dá!

Família nem sempre foi assim como é hoje, quando todos dão palpite; todos, crianças e adultos, cobram a realização de seus desejos em uma estrutura democrático-familiar que requer negociações diárias entre seus membros. Pode até parecer impossível, mas a vida já foi muito diferente.

Durante muitos séculos ter uma família foi condição de sobrevivência na dura batalha com a natureza. O casamento, sempre entre homem e mulher (às vezes no plural), servia para a execução de tarefas que eram muito bem definidas conforme o sexo. Claro que também servia para a procriação. Aliás, quanto mais filhos melhor – mão de obra garantida para a manutenção do grupo. Plantar, caçar, cozinhar, construir abrigos... Mesmo em diferentes culturas, a distribuição das tarefas se fazia conforme o sexo.

Nada a ver com amor e afeto. Porém, com o avanço do domínio do homem sobre a natureza, junto às grandes transformações no campo social, não só a divisão de trabalho foi se transformando, como também mudou o sentido da união conjugal. De sobrevivência física vamos para interesses políticos/econômicos/sociais, com os novos casais passando a se formar com base nos interesses das famílias de origem. E, já bem perto de nós, o amor romântico se impõe como o principal agente da relação conjugal: buscar a felicidade passa a ser o grande objetivo na formação de uma família.

Nos sonhos e nos anúncios, a família é do tipo "felizes para sempre", "até que a morte nos separe". Mas será que estamos mesmo dispostos a isso?

A gente sonha, mas, na verdade, não quer. E quando quer, ou pensa que quer, muitas vezes não consegue. Pois, hoje, quem nos separa é a procura por uma vida mais feliz.

Vivemos o tempo do individualismo e do consumo, quando cada um tende a não ligar muito para o outro e a hipervalorizar a própria imagem. Então, como produzir alegres encontros familiares nesse mundo onde o individual vale mais que o coletivo? A batalha contemporânea pela preservação dos espaços individuais nas relações cria, também, um paradoxo – afinal, por definição, relação é juntar/mesclar/combinar os espaços individuais. Dá-lhe disposição e afeto para dar conta!

É, mas alto lá! Nem tudo são trevas para as famílias de hoje! Temos grandes benesses também. Uma delas é que, no caso de sermos originários de uma família terrível, não é difícil encontrar grupos substitutos. Tem para todo gosto – e vivam as redes sociais! Seja por esporte, profissão, hobbies em comum, seja por serem amigos, só amigos mesmo, existem milhares de grupos acolhedores para as mais diversas questões da existência.

Ninguém mais *precisa* ficar casado – ainda que os ideais de família e felicidade de nossos avós continuem a martelar nossas cabeças – e ninguém mais *precisa* ter filhos. O mundo não pressiona para que os tenhamos, os pais não expulsam mais suas filhas solteiras de casa quando surge um bebê. As possibilidades de escolha se ampliaram e as formações familiares se flexibilizaram. Quer conduzir sozinho uma família? Pode. Quer ter filhos com parceiros do mesmo sexo? Pode. Quer dividir a guarda dos filhos? Pode. Ufa! Que alívio!

Nesse contexto, tornar-se pai e mãe aparece tão naturalmente como uma escolha que nem lembramos mais que houve um tempo em que o controle da natalidade era um sonho para o futuro. Cesárea, parto natural, inseminação, adoção, barriga de aluguel, congelamento de óvulos, doação de esperma: a ciência e os costumes trabalhando a favor de nossas escolhas e da superação de antigos limites. Querem menina ou menino? Será que já podemos escolher? À liberdade que a possibilidade de escolha dá junta-se a fantasia de que tudo está em nossas mãos. E haja mãos para preciosidades como "só não é feliz ou rico ou magro quem não quer".

E nascem nossos filhos, pedindo mãos a mais, nos instando a lidar com todas as desconhecidas nuances da vida com crianças. Sim, porque essas novas pessoinhas, que a gente escolheu ter, trazem sempre um enigma, um questionamento, uma coisa qualquer que nos escapa. Formadas sob nossa responsabilidade, segundo nosso projeto, agora elas já são elas próprias com suas próprias escolhas, tantas vezes diferentes das que seriam as nossas.

Um efeito direto de todo esse cenário sobre nós é a sensação de desorientação. Pouca coisa ficou no lugar daqueles ideais que sustentavam essa experiência "naqueles tempos". A partir do planejamento em torno da chegada dos bebês – como, com quem, de que forma, quando – cresceu a enorme expectativa em torno dos filhos e de nossa condição de ser pai ou mãe: "Tudo tão organizado, quarto tão lindinho, alegria e brindes na maternidade, parto humanizado (ou, para outros, o conforto da cesárea), sem repetir os erros de meus amigos e pais, então, por que mesmo assim ele não dorme à noite? Ou morde os amigos na escola? E a gente queria tanto..."

Nos planos, a escolha por ser um estilo de pais bem legal; na vida real, as surpresas e frustrações, se juntando às delícias da vida em comum. Dá para entender então por que ser pai e mãe nos dias de hoje é um desafio tão grande. Sustentar o lugar de cuidado no mundo de liberdades, de relações horizontalizadas, exige de nós um eterno trabalho de reconstrução e reflexão sobre os papéis que circulam em uma família, seu contexto, seus sentidos. E foi pensando em tudo isso que resolvemos escrever este livro.

Pai é pai e mãe é mãe para o resto da vida, mas, ainda que existam preocupações e dificuldades que nos acompanhem eternamente em relação a nossos filhos, a maior parte delas vai mudando com o correr da carruagem. Como seria impossível para nós falar aqui de todas as etapas do desenvolvimento, escolhemos nos dirigir principalmente aos pais de crianças com até dez, onze anos. Depois, os ventos da adolescência já começam a soprar levando para longe algumas preocupações da infância e trazendo outras muito particulares.

Falamos principalmente para os pais e mães, afinal dividem com as crianças os papéis de protagonistas, mas há muitos assuntos que podem ser úteis para avós, cuidadores e professores. Enfim, para todos que lidam com crianças nessa faixa etária. O plano é que o livro seja útil – útil e agradável. Nele levantamos questões, refletimos sobre elas e – por que não? – damos muitas sugestões que, esperamos, vão ajudar a desatar os nós naquelas horas em que a gente se enrola.

1

Famílias: aconchego e confusão

Pode ser assim: – Ai, não! De novo jantar na vovó? Aguentar o marido da tia Laura, realmente não dá! Ou pode ser assim: – Ai, que delícia, encontrar todos os primos! E os docinhos da Flávia, mulher do Tonico, maravilha, hein? Tomara que ela leve!

De um jeito ou de outro, mas sempre com emoções que só são possíveis dentro das famílias. Mas que conjunto de gente é esse que a gente chama família? Tem um pessoal que faz parte por afinidade, outro por consanguinidade, tem de ter ancestrais comuns e se situar em diversas gerações. É isso que se costuma chamar família.

Hoje, a composição dos adultos que se responsabilizam por criar as crianças da nova geração, fundando uma nova família, se diversificou muito. Os tempos do individualismo em que vivemos, responsáveis por tantos desmandos, têm, no entanto, algumas consequências interessantes. As novas organizações familiares são algumas delas. Porque é exatamente a mentalidade de respeito supremo pelo individual que possibilita à sociedade uma nova visão do que é família, casamento e relações de parceria conjugal. As singularidades podem, como em nenhum outro momento, se expressar e ser absorvidas pela sociedade. Ótimo! Mesmo que a oposição às mudanças também não seja insignificante. De um lado ficam os que apostam na ampliação e no consequente fortalecimento do grupo familiar; de outro, os que preveem o apocalipse.

Ainda que nada parecido com o fim do mundo (a gente aposta), a possibilidade de confusão e aborrecimentos existe em qualquer composição familiar, sejam as antigas, sejam as de vanguarda. Afinal, um grupo de pessoas, algumas na mesma casa, ligadas por sangue e/ou por afetos, é um perfeito caldeirão de paixões!

Nosso plano é, portanto, tentar reduzir ao mínimo as enormes chances de aborrecimentos que podem vir daí. Assim, apresentamos, para cada modelo de família, sugestões e reflexões que podem ajudar nesse sentido.

Pai, mãe, filhos, todos juntos na mesma casa

Quando falamos "família tradicional" o que vem à cabeça da maioria das pessoas? Um pai e uma mãe, unidos por matrimônio, e um ou mais filhos. O pai, provedor, e a mãe, que, abrindo mão de suas realizações profissionais, se dedica integralmente ao cuidado da casa e dos filhos. O fato é que hoje essa descrição está longe de definir a maioria dos lares onde crescem crianças e, mais ainda, de figurar como a única conformação possível para criá-las de forma saudável. No entanto, a família tradicional – por mais que não seja mais tão tradicional assim e por mais diversas que sejam as organizações familiares – ainda é o parâmetro em torno do qual giram as fantasias.

E não é à toa: esse modelo, apesar de estar arraigado em nosso imaginário, de fato pode ter algumas vantagens. Partindo do princípio de que os pais vivem em harmonia – o que é, aliás, a única explicação razoável para a existência dessa família –, é superconfortável para a criança conviver com o pai e a mãe na mesma casa, beneficiando-se do encontro cotidiano com os dois, das trocas e de uma possibilidade maior de equilibrar os afetos. Em certos dias, um está mais mal-humorado; no dia seguinte, já é o outro; um joga mais duro nos estudos, o outro é mais liberal – mas tudo dentro de uma harmonia que deve ser a base, ainda que sempre renegociada. Conviver com um casal – e isso vale para qualquer formação de casal – que se ama, mas sabe que pode divergir, que um pode se irritar com o outro, sem que isso signifique ruptura, é um inestimável aprendizado de vida e de convívio harmônico. Tem também uma questão prática, que parece banal mas não é: todos os pertences da criança estarem em uma única casa facilita muito a vida.

Porém, mesmo com todos juntinhos, nem tudo são flores. Problemas vão sempre existir e nesses casos não importa o gênero do casal. Seguem alguns deles para a gente pensar e... tentar escapar!

1. Estão juntos, mas se dão mal – a defesa é que não brigam na frente das crianças.

É, pode ser, mas será que adianta? Não tem gritaria, mas em compensação sustentam uma nuvem negra pairando sobre todos. Difícil saber o que é pior. O mal-estar circula e oprime a todos. Hoje, não existe mais dizer "só fico casado até as crianças crescerem". Quando elas vão crescer? Não permita que seu filho seja responsabilizado pela sua infelicidade. Golpe baixo! Nesses casos, as crianças, que não são tolas, vivem na tensa expectativa do dia da separação.

2. Se dão bem, mas não param de brigar – tem gente que gosta de polêmica.

Parece que a graça é brigar para depois poder reconciliar. De novo, cada um vive como quer, mas com crianças em casa é preciso pensar um pouco sobre este estilo de relação. Elas vão custar a entender qual é a graça nisso, e talvez nunca entendam, e terão passado a infância no meio de tensões incompreensíveis. Briga de pai e mãe é sempre chatíssimo. Sem poder adivinhar qual a hora da briga e qual a da reconciliação, as crianças patinam sobre gelo fino.

3. São superapaixonados, vivem um para o outro, sem lugar para crianças.

Geralmente só têm um filho, claro. Foi muito desejado. Maravilha nascer como consequência do amor dos pais. O difícil aqui, em muitos casos, é deixar que a criança saia do papel de consequência e assuma o papel de sujeito. Seu lugar, sua individualidade, suas questões, seus interesses e dificuldades ficam sempre em segundo ou terceiro plano. Os pais sustentarem a privacidade de sua relação é uma coisa, blindá-la é outra. Cuidado para não deixar cair no vácuo as ondas que seu filho emite.

Se você percebe que na sua casa as coisas são assim, primeiro reflita bastante sobre como isso precisa mudar, depois veja se essas ideias ajudam. Ceda alguns fins de semana para o seu filho, chame amigos dele para casa ou faça programas com ele. Busque se interessar de fato pelos assuntos dele, simplesmente porque são dele. Abra espaço e ouça com atenção as demandas que ele coloca.

4. Deixam-se invadir pelas crianças – para a maior parte dos casais é preciso um estado de atenção eterna para isso não acontecer.

Por mais que ter filhos seja uma transformação radical na vida de um casal, o espaço dos dois precisa ser preservado. Não só para conservar a intimidade e o encontro que só pode se dar entre adultos, como também para preservar as crianças. Pobres crianças que sempre acabam como culpadas da infelicidade, do cansaço, da vida chata dos pais. E passarem de responsáveis a algozes é um pulo! Crianças algozes, pais vítimas. Ai! E como é terrível ver os pais vitimados!

Aliás, um dos fatores que mais contribuem para um casamento começar a fazer água é um dos pais não estar exatamente nessa onda e o outro estar. O mais comum é a mãe se voltar inteiramente para os filhos e o pai começar a se cansar e a querer sua mulher de volta.

Na verdade, o que é gostoso, legal e saudável são os afetos circularem dentro de uma família, de todos para todos. É preciso então se perguntar se o grude com seu filho não está excessivo.

As famílias monoparentais: criando crianças sozinho

As estatísticas não param de apontar o crescente número de lares comandados por um único adulto. Segundo o censo de 2010, mais de 10 milhões de lares brasileiros são assim – e comandados principalmente por mulheres. Independência financeira, diminuição da importância social do "eu tenho um marido", maior ligação das mulheres com as crianças pequenas e mais disponibilidade para cuidar delas são fatores importantes nessa estatística.

Mas também pelo lado dos homens os números mudaram. Cada vez mais encontramos homens dispostos a ficar com as crianças em caso de separação. Mas ficar de verdade: por favor, não incluam nessa conta os que só fazem essa demanda para infernizar a vida da ex-mulher. A solução de convivência alternada também nos fala disso. As causas? Quase sempre as mesmas: redistribuição das funções do homem e da mulher no universo familiar, o trabalho feminino também fora de casa, mudança das relações afetivas nas famílias, e por aí vai. Mesmo quando pai e mãe não estão separados, as funções tendem a ser muito mais equilibradas.

Nesse movimento de aumento de lares dirigidos por um único adulto, temos também, aqui no Brasil, uma novidade: a facilitação do processo de adoção legal por pessoas solteiras. Não importa se são homens ou se são mulheres. A imagem da mãe solteira, que já foi personagem de tantas histórias de sofrimento e discriminação, tantas vezes banida de sua família, a própria encarnação da fraqueza feminina, mudou inteiramente: ter um filho sozinha hoje significa independência, força e coragem! Quanto aos homens, a categoria pai solteiro, se existia, ficava praticamente vazia. Hoje ela já está cheia de gente, de papais andando por aí orgulhosos da quantidade de amor que têm para dar a seus pimpolhos, da disponibilidade para estar com eles. Que bom tudo isso! Um alívio.

E tem mais: para muitas pessoas é ótimo ser um só para decidir as coisas da vida do filho. Nada de polêmicas, negociações, disputas de espaço, cenas tão comuns nas famílias tradicionais. Não tem discussão sobre se é melhor o filho ir para o judô ou para o francês, se toca violão ou tuba, se dorme cedo ou tarde, se pode tomar sorvete antes do almoço ou só quando vai à praia. Vai ser sempre como a gente quer! Viva! Até que o próprio filho comece a dar palpite, mas isso demora um tempinho.

Bem, mas ainda que o mundo esteja muito mais receptivo aos pais solteiros, alguns problemas continuam a existir. Vamos, então, aos problemas mais comuns e algumas sugestões sobre como lidar com eles:

1. Para começar, não tem jeito, criança dá um trabalhão!

Ter de cuidar sozinho de um pequeno é uma mão de obra que tende a deixar o mais extremoso pai ou mãe estressados. Mas é uma tendência, não é tiro e queda. É apenas um aumento de probabilidade de estresse em relação aos que têm com quem dividir as responsabilidades. Se couber no orçamento, contrate alguém para ajudar; senão, busque uma creche, uma avó, alguém da família. Outra coisa boa é frequentar um parquinho ou coisa do gênero e formar um grupo de amigos com filhos para partilhar preocupações, alegrias e produzir programas.

2. A criança ser tudo na vida do pai ou da mãe é outro nó.

Tem tanta coisa interessante por aí! Claro que nada é mais importante que a vida do filho, mas, aqui entre nós, não dá para passar os dias tendo de fazer escolhas fatídicas, em que nossa felicidade se opõe radicalmente à deles. Felizmente dá para viver, se divertir, se nutrir de temas adultos e cuidar bem da criançada. A vida cotidiana deve ser assim, e os descompassos é que devem ser eventuais.

Claro que um filho muda inteiramente a vida, mas tem de ser para ampliar e melhorar. Se não for assim, fica difícil para nós, para eles, para todos. Isso vale para qualquer das formações familiares, mas nas monoparentais o risco de uma entrega total e pouco saudável é maior. Se todos devem ter sempre uma luzinha acesa sobre esse assunto, o pessoal que vive na formação um a um, então, precisa ter um holofote. O mais sensato é seguir as instruções de segurança dos aviões: primeiro colocar a máscara na gente e depois na criança. Sábia medida, que aumenta em muito a chance de todos respirarem bem.

É superimportante usufruir de momentos de sossego, solidão, curtir amigos ou namorados. Ter outros interesses, outras paixões: o trabalho, os hobbies, os grupos, os projetos de vida individuais. De outro modo a energia se esvai.

No caso da criação de crianças, o ditado "Um é pouco..." fica diferente: um não sobrevive, dois é um grude perigoso e três é o melhor. Só que o terceiro não precisa necessariamente ser um cônjuge, pode ser um trabalho, um interesse, os amigos. O importante é ter outro lado para olhar. Um lado onde a criança não esteja. E é bom pensar também em um outro aspecto da situação – para qualquer filho, ser responsável por toda a alegria e todo o prazer da vida do pai ou da mãe é um peso insuportável.

3. O mais difícil é a sensação de que está sempre faltando algo muito importante para ele.

Dói muito a ideia de que nosso filho está em grande desvantagem em relação aos outros. No caso dos que escolheram ser pais solteiros, pode dar muita culpa; no caso dos que foi a vida que resolveu, pode dar muita pena. Tudo perfeitamente elaborável, ainda que, volta e meia, esses sentimentos possam reaparecer em nossa mente, ou, pior, em nossa alma. O perigo é se deixar afundar na culpa ou na pena. Tem que sair dessa, pois cultivar esses sentimentos não ajuda em nada. Como já dizia um mestre budista, "sofrer não é o bastante", é preciso tomar atitudes. A presença das coisas boas vai ser fundamental na diluição do mal-estar, por isso a importância de prestigiar o que é bom e prazeroso.

E a verdade é que, mesmo para os que vivem com pai e mãe, sempre alguma coisa vai faltar; não tem jeito mesmo, já saímos do paraíso há muitos milhares de anos.

Pai e mãe separados

Separando

Não é à toa que, desde que ficou permitido socialmente, e até mesmo incentivado, as separações se dão sem parar. Muitas vezes quem olha de fora acha lindo um casal que está junto há muitos anos. E pode até ser que seja legal mesmo, mas para isso não basta a ajuda divina. Sustentar um casamento dá uma trabalheira enorme e exige uma flexibilidade imensa. Esse empenho só vale a pena e só chega aos filhos como positivo se sustentado pela troca de afetos e pelo prazer do casal de estar um com o outro, com ou sem as crianças.

Eta tempo difícil na vida! O fim de um relacionamento, por mais que, em muitos casos, seja a melhor solução, traz sempre tristeza e desamparo. Quando não é por ainda haver amor ou pelo fim de um sonho, é no mínimo pelo hábito, pela rotina que tem de ser reformulada. A maior parte dos casamentos que se rompe deixa um dos cônjuges muito pior que o outro. Dificilmente há equilíbrio nos afetos, até mesmo nos casos – aliás, bem raros – em que a ruptura é de comum acordo. A separação é um momento em que todas as divergências vêm à tona, óbvio. A divisão da casa, dos objetos, dos amigos – esta, então, é superdifícil – traz ciúme, inveja, raiva e tristeza. A perda de sentido de si muitas vezes é intensa. Para alguns, a sensação de que não valem nada. Ou então de que são mais do que valem. Os sentimentos mais escondidos reaparecem. E como é difícil ter de passar a fazer tarefas que sempre couberam ao outro!

No entanto, a separação pode ser uma libertação, ainda que às vezes à custa de áspero aprendizado. Reorganizar os fins de semana, lidar com a solidão e com uma nova forma de procurar os amigos, de estar com eles. Quanta coisa! E, para culminar, ainda temos que compartilhar as crianças!

As relações humanas – principalmente as relações entre pais e filhos – são repletas de sutilezas e de limites tênues. Os movimentos na vida de uns sempre afetam a vida dos outros. A separação de um casal, mesmo quando é a melhor solução, mexe com a vida dos filhos. É claro que quem se separa são os adultos – um do outro, e não das crianças –, mas é impossível manter o ritmo que a relação com os filhos tinha antes. Apesar de tudo, frequentemente a separação é um alívio, e a relação, seja do pai, seja da mãe com os filhos, pode melhorar sensivelmente com a saída do outro.

Por tudo e por todos, a separação é um momento muito delicado, em que precisamos mesmo redobrar a atenção com os filhos, por mais exaustivo que isso possa parecer. Para uns é "Deus do céu, já estou um caco e ainda vou ter que dar mais atenção às crianças". Para outros dá revolta, "Ah, não! Agora vou precisar dar prioridade à minha vida". É dureza, mas tem que ser assim. Para se recompor é preciso pegar um caquinho daqui, uma sobrinha de autoestima dali, abrir mão de um pedaço do delírio de liberdade e, mais do que nunca, estar ligado nos garotos!

Faz parte desse cuidado a conversa com os filhos. Uma conversa com alguém de quinze anos é diferente de uma conversa com alguém de dois, mas sempre é preciso manter as crianças cientes do que está acontecendo. Elas não são tolas, percebem todos os movimentos dos pais, e se não têm explicações ficam entregues apenas às suas fantasias, levando a mil mal-entendidos e a um forte sentimento de desamparo.

Detalhes são dispensáveis, mas uma explicação geral é necessária: não nos gostamos mais, não nos amamos mais, estamos muito chateados, estamos pensando em nos separar, e a vida vai ficar assim ou assado. Ou mesmo: vamos nos separar, mas ainda não sabemos como a vida vai ficar; estamos confusos, mas buscando uma solução, e por aí vai. Mas vamos nos separar porque sua mãe é uma idiota ou porque seu pai é impotente, por favor, nunca!

Talvez um dia, já sem raiva, com os filhos já acostumados, as conversas possam ser mais detalhadas. Mas antes disso, no entanto, sempre é possível dizer "não me sinto à vontade de conversar com você sobre isso", "ainda me dói muito" ou "me faz mal", "me dá um tempo que depois conversamos". O que não dá mesmo é o silêncio, a falta de conversa, de explicações, de solidariedade com as crianças em um momento também desestabilizador para elas. Pais felizes ajudam os filhos a ficar felizes, quando eles participam dessa felicidade. Pais infelizes demandam dos filhos um esforço enorme para alcançar a própria felicidade. É torcer para eles conseguirem.

Mas atenção! Se você encontrou ou já tinha outra pessoa, muito cuidado com as apresentações. Sair logo apresentando um novo namorado ou namorada, quando as coisas ainda estão fervendo, pode ser imprudente. Se o ex-cônjuge for contra a nova relação, lembre-se de que a criança está em um dilema. Não force a barra, vá com carinho e paciência, considerando o problema que ela está vivendo.

Qualquer situação que ponha em jogo o "De quem você gosta mais, do papai ou da mamãe?" também é terrível para um filho. Não faça ele escolher, lembre-se de que quem escolheu foi você. Nunca faça essa pergunta, e se ele tocar no assunto e for contra você – algo como "não quero mais te ver" –, não obedeça, fique firme e tente se aproximar de forma mais aberta e flexível possível. Pensar no sentimento da criança mais do que no seu pode ser uma boa saída. Se afastar da ideia de sair vitorioso sobre o ex-cônjuge também. E, mesmo que tenha dificuldade de se desligar, ficar buscando tudo sobre a vida do outro não é o melhor a fazer. O que importa é você se cuidar e armazenar forças para usar para si, e não lutar com o outro.

Mais uma vez cuidado com as crianças: não transforme seu filho em espião. Essa atividade é muito perigosa. Se você colocá-lo para exercê-la, lembre-se de que ele terá que mentir e enganar, e estará exposto a sérios riscos. Dá para entender perfeitamente que sejamos tomados por uma vontade horrível de saber o que se passa por lá: quem frequenta a casa, namoros, dinheiro, cuidado com as crianças, lazer oferecido, tamanho da TV, se a empregada é legal etc. e tal. Mas não dá para ficar fazendo inquérito. O que o filho falar, falou. Muito menos fazer perguntas maldosas: você não achou o programa chato? Vocês ficaram "jogados" na casa da avó? Se quer saber mesmo, pergunte a quem de direito, coragem!

Algumas perguntas têm de ser feitas, principalmente quando exigem providências, como, por exemplo, as que envolvem saúde, amizades, escola, horários e férias. Mas, de qualquer forma, devem ser feitas, prioritariamente, aos adultos responsáveis. Mas, como ninguém é de ferro, uma pequena bisbilhotada é quase inevitável! Mas não se transforme em polícia de hambúrguer, de alimentação saudável, do filtro solar, da hora de dormir, do (ab)uso de computador ou videogame.

Enfim, a palavra de ordem aqui é civilidade. Seja flexível no acordo sobre visitas em casos importantes, como o aniversário de alguém querido da família, na presença a uma premiação seja lá por quê, em estender os dias de permanência na possibilidade de uma viagem muito boa. Mas fuja de entrar na linha do sacrifício, porque aí já é patologia. Ser flexível não significa se anular. Proteger as crianças do fundo do poço – esta é a meta.

Morando em duas casas

Essa fórmula de funcionamento, a guarda compartilhada, com convivência alternada, só faz ganhar adeptos. Tem a grande vantagem de as crianças continuarem a conviver com ambos os pais. E também de deixar os adultos alguns dias mais livres para cuidar de suas próprias vidas. As mães, geralmente, demoram um pouco mais a descobrir esse prazer, mas, felizmente, acabam descobrindo. A maior dificuldade está em ser preciso haver uma boa harmonia entre o ex-casal, o que exige muito esforço e diplomacia, considerando-se que as divergências foram tantas que até se separaram.

O modelo tradicional de convivência, onde uma das casas fica sendo, para a criança, "a minha casa", com muito mais tempo de permanência, com as coisas mais queridas armazenadas, com a infraestrutura mais sólida, simplifica os problemas de logística, mas aumenta a saudade e empobrece o convívio. Quando além da guarda compartilhada há a convivência alternada, a divisão de responsabilidades tem de ficar muito bem estipulada para evitar ao máximo as confusões. Além de coisas impossíveis de serem divididas, existem formas diferentes de educar crianças, de cuidar da casa e de construir rotinas. As medidas relativas à saúde são uma delas. Aqui, os dois, pai e mãe, têm de estar a par de tudo, precisam assumir as responsabilidades, concordar com as escolhas dos profissionais e com os tratamentos. É claro que se a visita regular ao ortodontista ou ao psicólogo for, por exemplo, sempre na terça-feira, dia em que a criança está com o pai, é ele quem vai se responsabilizar por levá-la. No caso de ser necessária a presença do outro, combinações pontuais precisam ser feitas.

Outra fonte de problemas são os objetos únicos, como a mochila com o material da escola ou o aparelho ortodôntico móvel. Dá trabalho e pede atenção. As coisas de escola esquecidas na outra casa são um clássico produtor de brigas e, para os maiorzinhos, frequentemente, um álibi. Tipo: "Não estudei para a prova porque os livros ficaram na casa da mamãe..." A gente tem de ficar esperto!

As roupas, os brinquedos, como fazer? Ter tudo em dobro, um em cada casa? Iguais ou diferentes? Dá para levar brinquedos e roupas da casa da mamãe para a casa do papai? Essas decisões dependem do gosto e do estilo de cada um, ou melhor, de cada dois. Mas é preciso ter claro que as decisões devem ser tomadas pensando no conforto e no bem-estar das crianças, e não com o espírito de atrapalhar a vida do ex-cônjuge, de competir com ele.

Por último, e não menos importante, reflita profundamente e com todo o amor que tem pelos seus filhos: será que o que é melhor para as crianças não está secundarizado nessas decisões? Isso é sério. É muito duro acessar dentro de nós as coisas desagradáveis que nos habitam – mesquinharia, competição tola –, mas o único jeito de melhorar é encarar a realidade, aceitar nossas fraquezas para buscar superá-las. Só assim nos livramos, e a nossos filhos, de sermos capturados pelo que temos de pior.

Alienação parental

Chamamos alienação parental quando um ex-cônjuge busca destruir a imagem do outro junto aos filhos em comum impedindo o acesso às crianças.

Em situações de violência ou abuso sexual, não tem discussão, o afastamento é absolutamente necessário. Deixar uma criança conviver com quem lhe inflige maus-tratos, ainda que seja pai ou mãe, é tornar-se cúmplice do agressor. No entanto, em grande parte dos casos, o que está em pauta é mesmo o amor-próprio destruído e o ódio que isso desencadeia. E quando o sentimento é esse, a melhor solução parece ser diminuir e destruir o outro. "Se o outro passar a ser nada eu passo a ser alguma coisa", esta é a fantasia. Inútil, pois ainda que em alguns momentos se crie a ilusão da vitória, não é assim que a vida vai melhorar. Sabemos que o momento é difícil, mas quem sabe é possível escapar da erupção do vulcão da ira?

Seguem alguns pontos para pensar:

- Muito além do mal que o outro tenha nos causado, a vivência interna de menos-valia é o ponto mais importante. Ainda que tal sentimento possa ter sido desencadeado pelas ações do outro, com certeza já devia estar dentro de nós, só esperando o gatilho. Por isso, o problema só poderá ser solucionado com a busca de recursos dentro da própria pessoa, em sua própria vida. E há sempre muitos recursos a serem descobertos dentro de nós. A melhor saída, afirmamos, é deixar o outro sair de sua vida, e a gente que parta atrás do que é melhor!

- Pense em seus filhos. O problema principal na alienação parental é que, ilusoriamente, o alvo é o ex-cônjuge; no entanto, quem é de fato atingido são as crianças, suportes da eterna lembrança de uma relação que levou ao sofrimento. O genitor que realiza a alienação parental se vinga cotidianamente em seus filhos por um pecado que eles não cometeram, banindo de seu convívio uma fonte de afeto tão importante. E, aliás, se houvesse pecado na história, este seria de quem escolheu ter filhos com a pessoa que hoje lhe parece tão terrível.

Mesmo que agora tudo lhe pareça odiento na relação que desmoronou, as crianças são a melhor parte dela, e por isso merecem estar excluídas deste cenário. Infelizmente, como a alienação parental se dá em cima de muita disputa, elas não são poupadas. Os pais se confundem com os filhos e não conseguem perceber que não amar mais um ex-cônjuge não significa deixar de amar os filhos. Felizmente, há leis que protegem as crianças desse mal tão radical, infligido a elas exatamente por quem deveria protegê-las dos males do mundo.

O mais frequente, no entanto, e que chama a atenção, é um dos pais – geralmente o pai – se alienar por si mesmo da vida dos filhos. Por seu próprio desejo, sumindo, dizendo que vem mas não vem, não se interessando pela vida das crianças, por seu sustento, suas tristezas e alegrias. E o que fazer nesse caso?

Ainda que seja muito desagradável ouvir alguém falar coisas horríveis do pai ou da mãe da gente, tentar disfarçar o abandono também não faz bem às crianças. É muito difícil, de fato, ver os filhos sofrendo por essa falta. Às vezes, só uma falta de consideração; outras, a falta de uma presença efetiva. E, como sempre, o que temos a fazer é ajudar as crianças a lidar com as situações que surgem em suas vidas, encarando a realidade da melhor forma possível. Aprender a lidar com o pai e a mãe que nos coube nessa vida é um aprendizado que pode se iniciar desde muito cedo. É a melhor maneira de dissolver a ilusão de esperar o impossível, evitando um acúmulo de mágoas. Uma vez livres de expectativas irreais, fica mais fácil abrir caminhos para a descoberta de novos vínculos afetivos.

Duas mães ou dois pais: a família homoafetiva

Agora legalizado, esse tipo de união se naturalizou tanto que as crianças começam a incorporá-la a seu universo das possíveis relações afetivas. Nas brincadeiras de algumas delas já percebemos a naturalidade do assunto. Vejam dois exemplos – um dia, uma menininha brincava com bonecos Playmobil, formando famílias. Na falta de bonequinhos femininos ela rapidamente soluciona o problema, montando o que chamou de uma família gay. Em outra brincadeira, uma criança construía a cidade do The Sims, e ao organizar as casas, uma delas coube a um casal gay. Sem tensão nem questão, de forma natural. Mas o interessante é que a primeira criança, depois de um tempo brincando, acaba achando a tal bonequinha e aí desfaz a primeira dupla e opta pelo casal tradicional. Também sem mostrar tensão alguma. Talvez esteja nos dizendo que, mesmo não havendo problema, o casal homem/mulher ainda é o mais usual, a imagem-padrão de relação conjugal.

A forte resistência que esse tipo de união enfrenta – por questões de geração, de tradicionalismo, de equívocos de fé etc. – pode simplesmente ter raízes na dinâmica da agressividade inerente à condição humana. Nós humanos temos, em geral, dificuldade em lidar com a agressividade que existe em nós. Apesar disso, para sobreviver, é preciso ficar minimamente em paz consigo próprio, conseguir ter afinidades, pertencer a grupos. Para tanto, muitas vezes, a solução é deslocar o mal-estar que nos pertence para outros grupos ou pessoas e neles descarregar o que nos pesa. Assim, tem-se a ilusão de que, uma vez livres do mal, acabam-se os conflitos internos. Uma forma aparentemente simples de lidar com a própria agressividade. O bem fica aqui, e o mal, ali fora, no outro. Ameaçado pela inevitável pequena diferença e condenado a uma enorme semelhança, o homem parte para a guerra.

Pois é, terrível, mas tem sido assim! A questão da grande resistência ao casamento homoafetivo se passa principalmente nessa dinâmica! E haja resistência!

Para enfrentar os problemas:

1. É preciso entender que o preconceito pode vir também de dentro.

Quando se usa a palavra preconceito geralmente é para descrever uma situação em que, mesmo antes de qualquer contato, a gente já não gosta de uma pessoa, só por ela ter algum tipo de característica que nos mobiliza. Assim é com cor, raça, religião e também com a homofobia.

Falar de preconceito e de suas motivações é extremamente complexo. Um dos aspectos dessa complexidade é que, muitas vezes, o nosso preconceito é contra nós mesmos, contra uma de nossas características, gerando uma séria dificuldade de assumirmos nossas escolhas diante de outras pessoas. No caso dos gays e, principalmente, na relação deles com suas famílias, essa dificuldade é bastante comum, o que geralmente acarreta certo teatro familiar, também muito habitual: eu finjo que não sou e você finge que não sabe.

Não é todo mundo que tem que virar militante da causa LGBT, mas, pense bem, é tão melhor poder estar à vontade, viver sem muitas máscaras! A sexualidade é uma parte muito importante de nossas vidas e poder falar sobre a vida afetiva com quem nos relacionamos pode ser muito acolhedor. Claro que, dependendo da família, isso não será tarefa fácil, mas lembre-se da questão do autopreconceito que já vai ajudar. Pense nisso, se prepare e depois tente partilhar. Pode haver certa turbulência, mas vamos lá.

2. Fale com os filhos.

Com os filhos a conversa ganha outro sentido, pois com eles a gente TEM que falar. Mesmo que o preconceito, lá de dentro, fique tentando, empurrando para o silêncio. Não podemos correr o risco de uma vizinha, o pai do amiguinho, outra criança, o jornaleiro, a empregada, um parente seu no calor de uma discussão, comentar e pegar seu filho despreparado para lidar com a questão. Seria deslealdade. Vejamos duas situações possíveis:

- Filhos criados desde sempre com pais gays
  Nesse caso, a coisa tende a fluir com mais facilidade, pois não precisa mesmo existir o grande momento da revelação. Ainda assim, é preciso, sempre que der, falar sobre preconceito, sobre o diferente da situação e não fingir que a sua família segue o padrão. Essa conduta é uma ótima forma de ir fortalecendo a

criança. Saber que os pais não sentem vergonha de ser o que são, que seguram com dignidade seu estilo de vida, já é uma bela lição para os filhos. Criados dessa forma, aprenderão desde cedo como é possível gostarmos de nós mesmos, único amor que não podemos perder. Mas é bom se preparar: quando chegar a hora da discussão adolescente, em que eles catam em nossa mente/alma tudo que nos atinge, esse assunto tem grande chance de ser usado como arma. É chatíssimo e às vezes os filhos de fato nos magoam. Mas não tem escapatória, até porque, se não for pelo fato de ser gay, será por qualquer outra característica de nossa maneira de ser. Um pouco de casca-grossa, para não ficarmos derrubadamente magoados, e outro pouco de autorrespeito vão ajudar muito. Já, já, ufa!, eles se tornarão adultos, tempo em que os pais já não estão tão em pauta na vida deles, em que aprendem a lidar melhor com sua própria maneira de ser e, por isso, passam a lidar melhor com a dos pais.

- Filhos para quem é preciso revelar
Pode ser muito difícil, mas temos que lidar com isso. Prepare-se, reflita e fique firme nas suas convicções. Se a reação for grande, entenda que pode não ser fácil para os filhos. Dizer que é por puro preconceito é desconsiderar o que eles podem estar sentindo, ainda que haja preconceito envolvido. Como são filhos, temos que nos aproximar deles pelos sentimentos ou, melhor dizendo, pelo que *eles* sentem. Se para você a vida é gay, eles, no entanto, naquele momento, podem achar e desejar que ela fosse diferente. "Que saco! A galera vai me gozar", "que nojo!", "que vergonha!", "tarado...", tudo isso pode vir à tona. Paciência e acolhimento são as palavras de ordem. Não espere de saída a compreensão; se houver, ótimo. A resistência é, principalmen-

te, uma questão de tempo, de reorganização interna. Vá com calma, escute as queixas, não imponha seus pares imediatamente. Aos poucos, se você tratar com respeito as dificuldades deles, acolhendo-as e considerando sua legitimidade, tudo vai entrar nos eixos. Seu filho não é *skinhead* – a não ser que seja, aí o papo é outro –, ele é apenas um filho atrapalhado com os assuntos dos pais. Tem direito.

A FAMÍLIA AMPLIADA: MEIOS-IRMÃOS, IRMÃOS INTEIROS, IRMÃOS DO IRMÃO, O QUE NÃO FALTA É GENTE

Ainda que tenha ganhado novas cores, novos sentidos, ainda que novos membros tenham entrado e outros tenham saído, a família ampliada não é exatamente uma novidade. O filho da cozinheira, o primo do interior, a tia solteirona, uma babá muito querida, crianças próximas com pais sem condição de criá-los, todo esse pessoal já compôs uma família ampliada. Filho de criação era uma expressão muito comum, que nunca mais a gente ouviu. A partilha de um só quintal entre uma mesma família também sempre favoreceu essa ampliação. Sem falar na naturalidade com que os jovens casais iam morar com os pais e por lá ficavam. Ninguém achava isso o fim da picada. Felizmente ainda sobrevivem resquícios desse acolhimento solidário. Felizmente a nossa nova família ampliada pode também significar uma ampliação de raízes, de acolhimento, de vida.

O que mudou foi basicamente a nossa forma de encarar a vida e o casamento. A mentalidade de hoje é preservar o próprio umbigo, a própria individualidade. Colchonetes na sala para parentes que vêm do interior conhecer o mar, nem pensar. Família ampliada hoje são os irmãos dos irmãos, os avós dos irmãos, o pai ou a mãe dos irmãos. O que antes era muito mais a expressão de um coração e mente abertos para receber o outro, hoje é uma circunstância que vem de separações e novos casamentos. O que não impede também de ser uma ampliação alegre e animada, uma nova fonte de apoio e de relações sólidas: grandes amizades são feitas assim.

Frequentemente, porém, o pessoal se enrola, e surgem diversas confusões e atritos. Uma coisa é comum a todas as conformações de ampliação: o principal responsável pelo bom funcionamento dessa família é, indubitavelmente, o adulto que a constitui. O que quer dizer que se eu, que tenho meus filhos, me caso com alguém que também tem os seus – ou mesmo que não os tenha –, cabe a mim criar o ambiente harmônico. E o "mim" vale para os dois adultos que se casam. Não adianta creditar a origem das nuvens negras exclusivamente a um adolescente malcriado ou a uma menina que só fala de a mãe ser magrinha, quando a nova mulher é gordinha. Se os filhos dele/a são flamenguistas doentes e você é um vascaíno/a, não tome esta característica como provocação. E quando for, tente ser realmente o adulto da casa.

Descobrir que a nova mulher ou o novo marido é intransigente, estúpido/a, ou o que for – e muitas vezes é mesmo – não é nada agradável, mas pode ser útil para você refletir sobre sua relação com seu par. Não tem jeito, você não escapa; se está na relação, é cúmplice. Afinal é você quem escolhe a cada dia ser casado com aquela pessoa. Aproveite para conversar com seu/sua companheiro/a sobre o assunto, até porque são vocês que, juntos, têm de assumir a responsabilidade de um *modus vivendi*. São vocês que têm de ter a sabedoria de respeitar a si próprios, a seu cônjuge e a seus filhos. Podemos garantir que o trabalho que dá lidar com todos esses sentimentos – às vezes, enorme – pode ser proporcional ao prazer que traz vê-los direcionados positivamente.

Tudo isso serve para os dois, se cada um vem com seus filhos. A situação é complexa, e são os dois que têm que buscar resolver os problemas. Não espere muito dos filhos: nos primeiros tempos, você pode até contar com uma desconfiança natural. Será no correr da carruagem que as coisas devem melhorar, mas isso vai depender sempre dos adultos envolvidos. Os filhos seguem o clima que os adultos criam. Puxe de dentro de si todo o amor que circula na nova relação, pois não é fácil a adaptação a uma vida em comum. Sabemos disso.

Os problemas mais comuns:

1. O ciúme.

- Entre filhos:
Para a maior parte dos filhos é difícil ver o pai ou a mãe morando com outros filhos, principalmente quando estes vêm no pacote do novo casamento. Pior ainda quando os novos "irmãos" moram direto com o pai ou a mãe, e o filho só em fins de semana. Se os novos irmãos vêm da nova união, fica muito mais palatável: afinal algo de seu também está ali.

É preciso muita habilidade para não insuflar o problema. Algumas medidas dependem do poder aquisitivo; outras, apenas de nossa disposição para que tudo dê certo. Por isso, se tiver espaço – físico, pois na alma tem de ter sempre –, tenha um quarto para as crianças, mesmo que não morem o tempo todo com você. Se não der mesmo, arrume ao menos um armário, um canto, o que importa é você mostrar que se preocupa com o assunto – elas sentirem que você está em busca de uma solução. Aliás, já pensou em morar num lugar menos caro só para elas caberem também?

Uma boa prática que independe do dinheiro é sair muitas vezes apenas com seus filhos do casamento anterior. O melhor é, se der, às vezes sair sozinho com cada um deles também. Deixe seu companheiro/a em casa, deixe os filhos dele/a em casa, e vá passear, conversar, conviver. É muito chato ter aquele pessoal, que pode até ser legal, sempre por perto. Se impuser sempre suas presenças, ou se as crianças sentirem assim, fatalmente vão deixar de serem vistos como legais.

- Entre o novo companheiro ou companheira e seus filhos:
Manter um casamento é uma arte, um dom, uma disposição enorme de conviver com coisas de que não gostamos muito. Pois é, e a chance de não gostarmos muito do comportamento das crianças no início da relação é grande. E, na maioria esmagadora das vezes, elas criam casos por ciúmes. Vocês dois, adultos, precisam *entender*. Entender não significa deixar rolar as implicâncias, mas se colocar no lugar do outro, ter empatia, ser maduro, se diferenciar. E lembrar que filho é filho, marido é marido, esposa é esposa. Essa divisão aparentemente simples de papéis está sempre tendendo à confusão. Fique atento para não escorregar. Pode surgir de repente, de dentro de nós, uma criança ciumenta da relação dos adultos, querendo competir com as crianças... Seu lugar não é o de filho, é um lugar muito diferente!

Por isso, é fundamental pensarmos sobre nosso próprio ciúme. Esse, se mal elaborado, nos transforma em jararacas, torturadores de criancinhas, idiotas absolutamente detestáveis. Muitos adultos implicam com as crianças apenas por elas representarem o antigo casamento. Mas, frequentemente, o motivo principal é a disputa pelo amor do parceiro. Esse comportamento, que expressa nossa menos-valia, fala de uma insegurança que tem raízes bem anteriores à situação e deve ser objeto de séria reflexão. Terapia, conversas com o parceiro, com os amigos, com a família – tudo isso pode ajudar.

Ok, mas as crianças podem ser mesmo mal-educadas, o parceiro pode fazer vista grossa para as provocações ou até mesmo ser inteiramente injusto, mas pense, a responsabilidade nesses casos é dele também, não adianta culpar só os filhos. É com ele que você deve resolver o problema como um todo. Acontece que, no mal-estar diário, você também não pode virar saco de pancada, não pode se vestir de ameba, nem deixar de ser o adulto da situação. Seja enérgico, sem ser agressivo; mostre indignação, sem expressar desprezo; não estenda os períodos de "dar um gelo" por meses a fio: um pouquinho às vezes é inevitável, mas ir além de 48 horas sem papo, na maior parte dos casos, é demais.

A situação pode ser agravada quando no casal um dos dois tem filho, acha que o que tem basta, e o outro não tem mas quer ter. É uma tensão que, se mal resolvida, acaba com muitos relacionamentos. Alguém vai ter que ceder, alguém vai ter que convencer, não tem outro jeito. Procurar uma terapia de casal pode ser fundamental, porque ceder sem elaborar a mudança de rumo que essa decisão significa pode trazer uma cobrança que ninguém vai conseguir pagar.

Se ainda não viu, dê uma olhadinha no filme – aliás, delicioso – *A noviça rebelde*. Veja lá como valem a pena a flexibilidade, o afeto e a criatividade, mesmo com os mais provocadores. Trata-se de um investimento de médio e longo prazos.

2. Ver a família ampliada se reduzir: a nova separação e o que fazer com as crianças que foram seus filhos durante anos e já não podem mais ser?

Ai, que saudade! Você passa anos convivendo com o pessoal, passa pelas turbulências, se diverte junto, ajuda na escola, escuta os males de amor e, de repente, separação! Quando os filhos são nossos, a relação continua. Quando não são, como fazer?

Evite encontros clandestinos, não vá para a porta da escola, não telefone escondido do ex-cônjuge. Nada disso vale a pena. Menores de idade vivem sob a responsabilidade de seus pais e, se eles não permitem contato, ainda que você ache uma loucura, tem de aceitar. Mas, se a saudade for muita, tente, tente mesmo, convencer os pais a liberar algum contato. Talvez seja mais fácil começar por um deles, o mais receptivo a você, aumentando a chance de o outro vir a reboque.

Mesmo se os meninos forem maiores de dezoito, querendo muito o encontro, é preciso pensar bem. Pode ser que o contato com você signifique para eles uma saia justíssima, mas se eles assumirem, ótimo. E lembre-se de que você vai ter que estar ao seu lado, apoiando, se surgirem situações complicadas. Se você for barrado mesmo, é triste, mas só resta elaborar mais essa perda.

3. Conviver com famílias pertencentes a mundos inteiramente diferentes.

Uns são hippies, outros, militares; uns são ricos, outros, duros; uns são legais, outros, insuportáveis – tudo isso e muito mais é possível acontecer. E você ali no meio, tendo de administrar as diferenças.

Ainda que pareçam incompatíveis, muitas diferenças podem também ir direto para a lista dos prazeres da família ampliada. Nunca poderiam passar as férias em Búzios? O pai do irmão tem uma casa lá, oba! Sua mãe já partiu há muito tempo? Seus filhos podem dividir com os irmãos, mesmo que não de sangue, uma avó adorável. Os encontros familiares ficam mais variados, descobrem-se novas formas de convívio, novas maneiras de estar na vida.

É muito bom e saudável permitirmos a nós, a nossos filhos e a nossos enteados viver em um universo onde é possível conviver com o diferente, onde é possível gostar de ampliar as experiências. Poder lidar com os atritos desagradáveis que surgem no dia a dia do convívio entre as pessoas como parte do jogo, e não como obstáculos intransponíveis, é uma verdadeira vitória sobre as neuroses que nos assolam.

2

Dividindo o cuidado: parcerias e ajudas

Grávida! Querendo muito, querendo pouco ou querendo médio, a decisão foi tomada e vem aí um bebê. Decisão tomada a dois ou por uma mulher sozinha. De qualquer forma, logo vem a pergunta: quem vai ajudar? Ainda que, nas situações mais tranquilas, a pergunta já venha apoiada pela decisão tomada a dois, será que damos conta?

No extremo, seja da solidão, seja da necessidade, é claro que uma pessoa adulta pode cuidar sozinha de um filho. Mas – é o que dizem – se a natureza exige dois para fazê-lo, talvez isso signifique que o ideal seria pelo menos dois para criá-lo. Mas quem, junto à mãe, somará esse dois? Nos casos mais simples, naturalmente um pai. Nos outros, avó? Amigos? Babá? Creche? Será que dois, na confusão da vida cotidiana, precisam ser três? Quanto mais novinho o bebê, mais parece que precisa de gente a seu serviço.

No que eles vão crescendo, as ajudas vão ficando cada vez mais diversificadas, até o dia em que a criança deixa de ser criança, vira adulto e, pronto, sai de nossa administração. No correr dessa carruagem, vão entrando em cena a escola, os vizinhos, os pais de amigos, os amigos dos pais e os profissionais mais diversos. Até as outras crianças são ajuda: um vizinho que vem brincar, e os dois se "cuidam" enquanto você lava uma louça. Colônia de férias, outro exemplo, também pode ser uma coisa ótima. Os meninos adoram, e a gente sossega um pouco, mas isso é lá na frente. Nossa conversa neste capítulo vai ser sobre essa pergunta: quem vai estar conosco no cuidado e na educação de nossos filhos?

No iniciozinho da vida do bebê

Salvo as raríssimas exceções em que, de fato, não houve nenhuma ajuda, quando ouvimos a expressão "criei meu filho sozinha", ela significa que o que não havia era um companheiro ao lado. Porque sozinha, sozinha mesmo, só em casos muito raros. E sofridos. Então, a primeira pessoa em que pensamos para estar junto à mãe e a seu filhote seria quem com ela partilhou sua origem. Mas muitas e muitas vezes, dois ainda parece pouco, dá a sensação de que mesmo com o parceiro ali juntinho ainda falta alguém para ajudar. Imagina então quando não tem ninguém por perto!

A chegada do pequeno pede sempre uma revisão das tarefas e das rotinas da casa. Surgem novas divisões de responsabilidade entre o casal, o que muitas vezes demora para ser assimilado. Consequência: instaura-se um pequeno caos inicial e, em muitos casos, uma série de reclamações mútuas antes inéditas. Além de tudo que tem de ser feito com ou sem bebê – limpar banheiro, lavar geladeira, cuidar da roupa da família, lavar, passar, cozinhar –, tem agora o próprio bebê e o cuidado com todos os objetos que o acompanham. E, como pai e mãe também são filhos de Deus, poder descansar um pouquinho também é supernecessário. Uma terceira pessoa pode ser muito bem-vinda.

Mãe, irmã, família, empregada, babá, enfermeira – muito provavelmente alguém vai ter que aparecer e comparecer. Sozinhos é tão mais difícil que vale realmente considerar uma ajuda. E o mais importante é que não seja alguém que queira dominar sua casa, que busque imprimir um outro jeito de viver no que é seu, só seu e de seu cônjuge também. Uma avó mandona não pode. Ah! Mas lá em casa eu faço assim! Não, não, não. Uma profissional desatenciosa também não. Afinal, o que custa à faxineira dar uma força e pegar um pouquinho o bebê? Ou fazer um cafezinho? O mesmo vale para parentes e amigos.

É óbvio que a disponibilidade financeira da família é um dos elementos que definem os personagens, o que não nega a necessidade de uma presença para auxiliar. Mas quem decide para o que é o auxílio são os pais. Ah! Que absurdo!, você pode dizer. Afinal, na Suécia, ninguém tem empregada nem babá! Pode ser que não tenham mesmo, mas têm longas licenças-maternidade para pai e mãe. Têm saúde, transporte, oferta de produtos que simplificam a vida, e a instituição família e amigos continua a existir mesmo nas sociedades mais avançadas, não é? E não precisa ir tão longe. Até na França, um pouco mais pertinho, onde aliás o número de babás cada vez aumenta mais, a assistência do Estado à saúde do recém-nascido e de sua mãe se dá de forma abrangente. Visitas domiciliares para acompanhar a família, equipe médica, enfermagem, serviço social e psicológico estão disponíveis para todos. Todos mesmo, até para pais que vivem ilegalmente no país. Tudo isso para dizer que, de uma forma ou de outra, aqui ou lá, entende-se como fundamental a rede de apoio. E também para lembrar como aqui poderia ser melhor!

A ajuda pode começar antes mesmo do nascimento do bebê: existem diversos cursos pré-natais que podem ser úteis. Os primeiros a surgir foram os de preparação para o parto sem dor. Nos anos 1970, certo dr. Leboyer lançou o livro *Nascer sorrindo*, que se transformou em um marco na nova forma de encarar o parto. O bebê passa a ser visto como um ser ativo e participante na cena de seu nascimento, e esta ganha, para o resto de sua vida, uma importância até então não considerada. Depois vieram – e isso é mais ou menos recente – os cursos que ensinam os novos pais a lidar com o cotidiano do bebê recém-nascido. Existem diversos. Se você estiver muito inseguro com questões sobre o banho, o umbigo, a fralda, não deixe de procurar. Além do ensinamento prático, esses encontros servem como rede de apoio: lá você vai entrar em contato com pessoas que estão com os mesmos problemas e dúvidas que os seus.

O recurso a profissionais conhecidas como doulas é outra boa opção de ajuda antes de o bebê nascer, mas que pode continuar pelos primeiros dias ou meses após o nascimento. Ainda que há uma geração elas não existissem por aqui, hoje já ocupam um espaço significativo no apoio a gestantes e aos primeiros meses dos bebês. Dependendo da profissional, sua área de ação pode ser bastante ampla. Buscando abarcar toda uma gama de atividades relacionadas à maternidade, trabalham desde técnicas de relaxamento para o parto e ioga para gestantes até ensinamentos práticos e conceituais sobre cuidados com o bebê, do banho à amamentação. Os pais são convidados a participar ativamente dessas atividades. As doulas são vinculadas ao movimento pela realização de parto normal e se dispõem a acompanhar a parturiente durante todo o trabalho de parto.

Se vocês não quiserem nada terapêutico, mas outro tipo de encontro – que não ocupe muito espaço na vida ou que não tenha tom professoral ou profissional –, vale buscar grupos de socialização. São agradáveis encontros de troca: mães e pais com bebês no cinema, na pracinha, fazendo piquenique. As redes sociais foram maravilhosas nesse sentido e possibilitaram a formação desses espaços antes inexistentes.

Pequenino, mas já não mais recém-nascido

Os primeiros tempos passaram. A mãe superdisponível já se foi, as ajudas que vieram de diversos lados, e que existiam principalmente no clima provisório dos primeiros tempos, também se foram. E agora como vai ser?

Creche, babá, avó – o que é melhor? Decisão difícil! O resultado não vai depender do tipo de ajuda escolhido, mas da forma como você se relacionar com as pessoas que participam da sua escolha. Todas essas possibilidades podem igualmente resultar em "foi a melhor escolha que fiz na vida" ou em "ai! Se arrependimento matasse". Afinal, nenhuma dessas possibilidades – avó, creche ou babá – é nefasta em si, nenhuma pode ser chamada de desaconselhável para uma criança. O sucesso da decisão vai depender inteiramente do estilo, da personalidade e do jeito de ser das pessoas envolvidas. E, naturalmente, da maneira como vocês, os pais, se relacionam com elas.

A avó – ou, menos comum, o avô

Alguns vão dizer: que sorte! Ter uma avó disponível para cuidar do bebê! Mais confiável que ela só eu mesmo! E ainda mais hoje, quando todos temos que trabalhar, malhar, produzir... E as avós também têm muitas coisas a fazer na vida. Mesmo que, do ponto de vista da confiança, possa ser uma sorte mesmo, uma avó também pode ser uma fonte de situações desagradáveis e de intranquilidades para pais e bebê.

Por mais que todos se amem, ainda assim o ser humano continua a habitar sua complexidade. A disputa entre pais e filhos é frequente. Ciúme, inveja, tudo misturado com o quanto os amamos e queremos seu bem. Esses sentimentos, mais explícitos (por favor, tente se controlar!) ou mais implícitos, estão por aí sempre prontos a serem vividos. Muito comum também é, na geração dos avós, haver dificuldade em se deslocar do seu antigo e privilegiado lugar de pais de criança pequena que ocuparam na infância de seus filhos. Avós têm de ser atores coadjuvantes.

Atenção! O que vamos falar a seguir sobre avós vai depender exclusivamente do estilo dos pais e da relação que vocês têm com eles. Por isso, antes de optar considere os prós e os contras.

O que tem de bom (nem precisava falar, todo mundo já sabe):

- Gosta demais do seu filho e de você também.
- Conhece você superbem e saberá exatamente qual seu jeitinho.
- Não pesa em seu orçamento.
- Com mais facilidade, rompe horários combinados e pode ficar de noite com o bebê.
- Leva a criança para a casa dela, permitindo ao casal algumas horas de relaxamento.
- A gente não fica tão cheio de dedos para lidar com ela.

Mas, apesar disso, esteja atento para algumas clássicas fontes de confusão:

- O tamanho da ajuda. Será todo dia? O dia todo? Será para buscar na creche? O tempo faz toda a diferença na responsabilidade, no poder de decisão que a avó terá sobre a forma de organizar o cotidiano de seu filho, bem como no espaço que ela ocupará na família.
- As alianças que serão feitas. Seja mãe do pai, seja mãe da mãe, tem que ficar claro para todos que é o casal parental quem decide. Do contrário será ruim para o casal, ruim para o bebê, ruim para a avó. A duplinha principal não pode ser os pais e seus pais. Os pais se enfraquecem, o bebê fica com pais fraquinhos, e a avó tem a ilusão de estar em um tempo da vida em que não está mais.
- Sua cota de ciúme. Se ela for grande e vocês tiverem feito a opção avó, vai ter de aprender a lidar com isso. Sentimentos do tipo nunca serei igual a meus pais, eles são melhores que eu, eu fico com o pesado, eles com as brincadeiras, são um problema que, às vezes escondido dentro de nós, pode causar muita confusão. Se você tem um filho, seu lugar de pai tem de ser mais importante que seu lugar de filho. Um perigo é achar que seus pais estão mais aptos a cuidar de uma criança que você. Se for assim, torne-se apto, por favor! Pois a criança, com certeza, e felizmente, vai se afeiçoar muito ao seu cuidador. E se não ficar atento é muito fácil cair na armadilha da disputa e escorregar nas provocações, que são muito comuns. Tem lugar para todos nos afetos da criança, com cada um ocupando um posto. Não se esqueça de que, mesmo com os avós mais amados, o lugar dos pais é o mais importante.

A creche

As creches foram criadas no início do século XX e serviam apenas como lugar onde as crianças ficavam para as mães poderem trabalhar. Não havia preocupação com educação infantil ou planejamentos psicopedagógicos: os pequenos apenas ficavam lá, esperando a mãe buscar. A ideia era ter um espaço que abrigasse as crianças, as alimentasse e mantivesse limpinhas. E só. Hoje tudo mudou. As creches são feitas para as crianças, com o cotidiano baseado em projetos pedagógicos, em técnicas de brincadeiras e na intensa preocupação com a troca de afeto. Além disso, permitem que as mães se ocupem de outras coisas sem grandes preocupações. Os horários variados para a permanência das crianças também são um dos fatores que mais facilitaram a vida da família.

As vantagens:

- A primeira delas é ser uma relação profissional. A história familiar sai de cena. Cobranças, mágoas antigas, rivalidade, ufa!, tudo isso fica longe. É possível falar sobre seus desagrados sem gerar choradeiras e rejeição. Sem atrapalhar a festa de Natal.
- Você é livre para escolher a creche que combina mais com você, com sua visão de mundo, considerando não só a proposta pedagógica, mas também o jeito de lidar com as crianças.
- É um novo modelo de relação, ali começa a interação social de seu filho. Uma vidinha própria na qual descobre afinidades e interesses além da família.
- A creche é uma instituição, e as condutas de todos que a compõem devem ser sintônicas com um projeto de trabalho. Ou seja, o comportamento de cada funcionário é supervisionado, apoiado na linha pedagógica que você escolheu, sendo de responsabilidade da direção.
- Ainda que haja um cuidador mais responsável por seu filho, esta relação nunca é exclusiva. Por isso, diante de algum pro-

blema, a criança sempre terá outras relações de apoio. A sensação de ser cuidado é transmitida por toda a creche.

- A integração social da criança se inicia na creche, onde ela tem a oportunidade de criar e conviver com um grupo social que não é a família; isso é importantíssimo para o desenvolvimento e a aprendizagem da vida em sociedade.
- Comida, diversão, sono, banho de sol são assuntos que podem sumir de suas preocupações nas horas em que seu filho estiver lá.
- Se você trabalha em casa, é normal seu filhinho querer ficar grudado. Na creche, o que os olhos não veem o coração não sente.
- A existência do grupo facilita as conquistas relativas aos comportamentos coletivos, por isso avanços como controlar os esfíncteres e comer sozinho se dão de forma mais natural e simples.

Os problemas:

- O ambiente coletivo da creche pode ser muito enriquecedor para crianças já com certa autonomia. No entanto, para bebês ainda no berço, que pouco se beneficiam do contato com outras crianças, o rodízio de profissionais pode trazer insegurança. Se esse for o caso, escolha locais onde haja uma definição clara dos cuidadores de cada bebê. Como é uma instituição, o mais comum é que a criança tenha que se adequar à rotina coletiva e não o contrário. Nessa fase da vida, não é uma tarefa fácil. Na creche, ter um cuidador de referência pode aumentar as chances de o bebê "ser mais escutado" em suas particularidades.
- Pelo convívio intenso com outras crianças, a exposição a gripes e outras doenças infantis aumenta muito. Por isso, os primeiros tempos da adaptação muitas vezes envolvem um plano B: uma opção doméstica para os casos de o bebê ter que ficar em casa.

- A hora da alimentação costuma ser problemática. Alimentar um conjuntinho de crianças, com gostos diferentes, com ritmos diferentes, no mesmo horário, gera, com muita frequência, situações de estresse entre cuidadores e cuidados.
- Ficar muitas horas longe de casa costuma ser cansativo até para adultos, imagine para uma criança pequena.
- Como você não tem controle sobre todos que convivem com seu filho, há sempre o risco de que alguém por lá seja um pouco ríspido.
- Por mais que os espaços de educação infantil tenham hoje um olhar singular para as crianças, é quase impossível cuidarem de seu filho da mesma forma como você cuida. Atenção! Não entenda essa diferença como falta de cuidado ou mau trato: pode ser simplesmente o estilo de cada um.
- Pesa no orçamento.

A babá

Outra vez, para alguns, a sorte grande. Encontrar alguém que seja de confiança, carinhosa, educada, com iniciativa sem ser espaçosa demais, é realmente muito difícil. Uma suplente de mãe. Parece uma solução maravilhosa, uma mulher disponível para nosso bebê! Mas será?

As vantagens:

- A babá, como a mãe, é uma pessoa. Para um bebê pequeno essa condição pode fazer muito bem: poucas e intensas referências de cuidado e afeto são sempre o melhor para os muito pequenos.
- A criança pequena é cuidada em sua própria casa. Aconchega mais e dá mais segurança e tranquilidade.

- As atividades do bebê e a forma como elas se dão terão nosso olhar bem de perto e seguirão nossa forma de organização.
- A babá, por estar em nossa casa, está muito mais à mão para ser chamada a ajudar do que uma creche ou uma avó.
- Trata-se de serviço profissional, com obrigações e direitos que, ainda que acordados nos detalhes, se baseiam em legislação trabalhista.

Os problemas:

- Intimidade partilhada. Passando muitas horas dentro de nossa casa, a babá acaba sabendo de tudo que acontece conosco. Discussão com marido, lá está ela ouvindo; plano de comprar um imóvel, lá está ela ouvindo; a criança entra correndo em nosso quarto, lá vem a babá atrás. Ela é meio amiga, meio avó, superimportante para a família e também super-representante das gritantes diferenças sociais de nossa sociedade. E, hoje, protegida por uma lei mais justa, é uma adversária em potencial na Justiça do Trabalho. Esteja sempre em dia com as obrigações trabalhistas.
- Profissão e afeto – a profissão de babá talvez seja aquela em que o fator afetividade é um dos mais importantes. E quando entram os afetos... como é difícil encontrar uma boa medida do que achamos melhor! Pelo papel fundamental que ocupa nos sentimentos ternos das crianças, é complicado saber o que é mais importante, nosso possível desagrado com ela ou o carinho que há entre a profissional e o bebê.
- A disputa – de quem ele gosta mais, da mamãe e do papai ou da babá? Em princípio vai ser mesmo do papai e da mamãe, mas mesmo ocupando esses cargos nobres, no caso de crianças pequenas o amor será dado a quem de fato cuida deles e a quem de fato tem gosto em estar com eles. Por isso, se você co-

meça a duvidar, pense se é por culpa neurótica, ciúme patológico ou se realmente você não está ficando mais longe de seu filhote do que devia. E mais, se você nem liga que o colo dela seja mais desejado que o seu, aí, sim, tem mesmo que pensar sobre sua relação com ele. Esse problema acontece com relação à avó também.

Para pensar um pouco...

Não é incomum os pais terem dificuldades em estar sozinhos com seus filhos. A radicalidade das psicoses e depressões puerperais expressa exemplarmente esse drama. No entanto, um pouco mais, um pouco menos, para muitos, ficar sozinha/o com o bebê em casa, ou mesmo sair para passear, fazer um programa, frequentemente é fonte de mal-estar, de angústia e medo. Como se o bebê fosse um ser incontrolável. É comum vermos uma criança acompanhada por uma equipe – pai, mãe, babá. Três contra um. Muitas vezes entediados em volta de uma mesa, com as conversas limitadas pela presença da babá (ou por serem mesmo limitadas), outras vagando pelos shoppings, preenchendo o vácuo com algumas comprinhas inúteis. Tudo bem, vocês preferem assim, e cada um vive como quer. Mas, com certeza, vale a pena pensar que agonia é essa que seu filho lhe traz. Que impotência é essa para lidar com ele? Com a ajuda de um profissional, conversando com seus parceiros ou batendo papo com os amigos mergulhe no tema. Vai ser bom, sua vida vai ficar mais divertida, seu filho mais feliz. Afinal, se não é para curti-los, acompanhá-los ativamente em seu processo de crescimento, usufruir desse encontro humano tão particular, será que valeu a pena tê-los?

Alguns sinais de que as coisas não vão bem na escolha que vocês fizeram (para crianças até mais ou menos dois anos)

- A criança chora muito quando se despede de você. É provável que, mesmo depois de certo tempo, ainda não tenha encontrado conforto com os outros cuidadores.
- Toda hora o pequeno está gripado, tem dor de ouvido, febre. A imunidade anda baixa. Por que estará tão sensível?
- Há uma mudança, de um polo a outro, no interesse pela comida – quem come normal passa a comer pouco, quem come pouco passa a comer vorazmente.
- A criança parece não ligar para brincadeira nenhuma, fica muito quietinha. Muitas vezes esse comportamento até nos facilita a vida, mas cuidado! Bebês e crianças pequenas se interessam naturalmente pelo mundo a ser apreendido; se perdem o interesse, sinal de alerta!
- Prefere, disparado, o colo da babá ou da vovó ao seu. Mesmo que você não seja ciumenta e até sinta um certo alívio com isso, vale a pena pensar um pouco. Por que não o seu? Afinal, já partilharam até o mesmo corpo!

Babás eletrônicas

Entretido em uma conversa, um casal tomava seu cafezinho. Junto a eles um carrinho de bebê com o pequeno dentro. Apesar de acordado, não dava um pio. Em cima da mesa um objeto eletrônico hipnotizava a criança e deixava o casal sossegado. Já as outras pessoas presentes, que tentavam tomar seu café em paz, eram perturbadas pelos ruídos emitidos pelo tal aparelho que, junto à imagem, produzia o tal estado hipnótico na criança. A imposição a todos do tablet transmitia a sensação de orgulho do casal por ter equipamento tão eficaz. "Olha, pessoal, que forma moderna de sossegar um bebê!"

Impossível não entender que muitas e muitas vezes a presença de uma criança perturba profundamente as conversas, as atividades e a paz que tantas vezes desejamos. Impossível não entender que, nesses momentos, não ter alguém que nos ajude e dê conta de nosso filho pode ser desesperador. Impossível não entender que ligar a televisão, colocar aqueles filminhos, lançar mão de tablets ou smartphones seja um recurso difícil de se escapar hoje em dia.

O problema é a utilização abusiva, é perder a crítica e tomar a cena como natural, nos convencendo de que o melhor para eles é apertar o botão ON. Bem, de qualquer maneira, pode ser melhor ficar assistindo à TV do que estar entregue a um adulto que não aguenta estar ali com ele.

O que houve? Uma diminuição do limite de paciência que se tem com as crianças? Não acreditamos. O que se passa é a exigência, pela sociedade, da ampliação desse limite: os pais, hoje, têm que aguentar muito mais do que os pais de ontem. Fenômeno principalmente causado pela já tão falada colocação das crianças como reis e rainhas do lar. Outro aspecto é que atualmente já temos consciência de como são radicalmente condenáveis os métodos de força na educação infantil, seja física ou psíquica. Pois foi através desses métodos que se deu a manutenção da ordem nas famílias durante séculos, mas a que preço! Hoje, muitos se perguntam: sem ameaças, sem muitos berros (alguns são quase inevitáveis), como educar as crianças? A resposta certa é essa: com a presença efetiva e afetiva dos pais. Acolhendo, modulando, escolhendo situações sociais harmônicas, tendo prazer no convívio cotidiano com seus filhos. Tendo prazer em partilhar experiências, programas, zangando sem medo de perder o amor, criando punições justas. Irritando-se com as crianças sem morrer de culpa por isso.

Ai! Mas que canseira! Ter filhos hoje em dia de fato exige demais dos pais. E ali, logo à mão, um equipamento que não só mantém a criança calada, como de quebra ainda dá para curtir uma de ser super up-to-date em equipamentos eletrônicos – por que não?

Mas atenção! O uso abusivo desses equipamentos não faz nada bem aos pequenos. E a margem do que é ser abusivo é muito estreita. Antes de dois anos, nem pensar, faz mal mesmo, basta ver as pesquisas! Não é brincadeira!

Nosso bebê cresceu, agora já é uma criança

De novo o tempo passou! Rapidinho, rapidinho. Agora já é hora de escolher a escola, de passear com os amigos e seus pais, de fazer atividades extras. Aos pais cabe a palavra final sobre com quem e onde. Mas uma criança que já fale, lá pelos seus dois anos e meio, não só já tem suas predileções (aliás, as predileções já surgem desde antes) como sabe muito bem expressá-las. Precoce, não? Se serão acatadas e ouvidas, vai depender de cada pai, mas o padrão hoje é escutar e considerar essa opinião desde muito cedo.

Claro que aos dois anos é impossível ter discernimento para todas as escolhas da vida. Nem o mais aberto dos pais acha que isso é possível. Mas já dá para saber se gosta ou não de aula de natação, de brincar mais com o Lucas do que com o Mateus. A escolha das crianças é feita pelo gosto e pelos afetos. A arte de misturá-los à lógica e à razão é adquirida, às vezes a duras penas, no decorrer de toda uma vida.

Assim sendo, o ideal é que os pais escolham o que combina com eles, pais, com sua visão de mundo, seu jeito de ser, sua situação financeira, ideologia etc. Além disso, escutar seu filho, pois sua boa adaptação à vida social pode depender da sensibilidade em combinar as expectativas em relação à criança com as reais possibilidades e gostos que ela possa ter.

Escolhendo a escola

A escola, depois da casa, é o lugar mais importante na vida de uma criança. É a principal fonte de apoio aos pais na tarefa de educar os filhos. Ensina a observar o funcionamento do mundo e a viver nele. Muito além de ser um lugar onde se adquirem conhecimentos formais – coisas como tabuada, ortografia, capitais do mundo, os índios do Xingu –, lá se fazem os amigos, os desafetos e se aprende a conviver com diferentes grupos e estilos de pessoas. É na escola que se entra no universo das normas e exigências da vida em comum, estabelecidas fora do ambiente familiar. Na escola, as crianças começam a construir um mundo social particular, individual, longe dos olhos dos pais, podendo se recriar, construindo segredos e personagens sociais diversos. Nos momentos de tensão familiar, fica ainda mais precioso poder ir à escola, sair fora e dar uma afastada das rabugices dos pais, dos maus humores, das incompreensões. Vêm das famílias os afetos básicos, constitutivos; vem da escola a vida em sociedade.

Mas tem gente que não concorda. E o que era o gosto, ou desgosto, de alguns pouquíssimos pais, tem se transformado em movimento – lugar de criança é em casa. Os pais ensinam, os pais cuidam, os pais controlam toda a vida dos filhos. Sobre a necessidade de convívio com outras crianças argumentam que podem se dar com o pessoal da rua, do play, da pracinha. Mas com os pais sempre por ali. Argumentam que, dado pelos pais, o ensino fica mais adequado e que a criança se livra de situações de *bullying*.

Pensando bem, as situações não precisam ser excludentes. Tanto pais como escola podem ensinar. Muitos pais, em diferentes áreas de saber, talvez saibam mesmo mais que os professores. Mas o que os pais não podem proporcionar é o ambiente do colégio, a relação com os professores, com o aprendizado conjunto. Adultos não parentes com formas de ser diferentes das familiares, crianças com várias formações. O aprendizado e o prazer de administrar o espaço próprio sem os pais por perto. Quando optar pelo filho em casa, pense honestamente sobre os motivos – controle, ciúme, competição com outros adultos? Pode ser que seja...

Vejamos alguns critérios para chegarmos à melhor escolha:

1. Ser prática.

O critério da praticidade é muito importante. Lembre-se de que ir à escola é uma atividade cotidiana, que toma a maior parte dos dias do ano. É fundamental facilitar. Vale todo esforço para ser prazeroso. Lá longe, pegando engarrafamento, estrada, horas de caminhada, só se não houver opção. Ou se a escola for realmente excepcional a ponto de compensar o desânimo que pode causar à criança o enorme sacrifício para chegar lá. Além do quê, morar por perto facilita a vida com os amigos e, de casquinha, facilita a sua também. Estudar na Barra, morar em Copacabana: "Quem mais mora por aqui?" Vai ser difícil ter amigos por perto. Até no leva e busca tudo fica mais fácil: um rodízio de famílias vizinhas é mais simples de montar. Se vocês tiverem mais de um filho, o melhor também é todos estarem na mesma escola, partilhando o ambiente em que se criam, as oportunidades oferecidas. E mais: evita algumas cobranças futuras.

2. Combinar com os pais – um fator importantíssimo.

As propostas da escola, sejam pedagógicas, sejam de socialização, têm que combinar com a opinião dos pais. A harmonia das visões de mundo dos adultos mais influentes na vida de uma criança é fundamental para a paz de espírito delas. E, se assim for feito, a maioria dos outros pais também combinará com vocês, o que facilita e dá mais prazer às interações sociais em torno da escola.

3. Combinar com o filho.

Como estamos falando de crianças cujo jeito de ser ainda pode mudar muito e por caminhos desconhecidos, o sentido do combinar com elas ainda vai depender muito da sensibilidade dos pais e de suas escolhas. Ainda que as propostas de integração sejam muito bem-intencionadas, na maioria dos casos as diferenças radicais entre crianças na escola podem gerar um enorme e desnecessário desgaste para elas. Por exemplo, crianças de classe média em escolas de milionários, e vice-versa; crianças de famílias religiosas em escolas geridas por outras religiões. Superar essas diferenças, seja pelo afeto, seja pela performance acadêmica, é sempre possível. Mas pense bem: será que faz sentido mais esse esforço na vida de seu filho? Para quê, afinal? Além disso, na maioria das vezes, o que pesa mais mesmo é o sofrimento. A chance de seu filho ser vítima de *bullying* nessas situações aumenta barbaramente.

Quando pais e escola se desentendem

A escola foi escolhida. Gostamos da proposta pedagógica, gostamos do pessoal de lá, as instalações são confortáveis e os alunos vêm de ambientes familiares que nos agradam. Tudo vai indo bem até que, de repente, as coisas começam a acontecer. A professora não agiu bem, a coordenadora não avisou os pais, os colegas não foram companheiros. E começa a discussão: de um lado pais furiosos, do outro uma escola insegura.

Cabe à escola:
1. Não esconder a verdade, ser honesta.
2. Não defender a qualquer custo seus funcionários quando tiverem tomado atitudes erradas.
3. Acolher a queixa dos pais. Muitas e muitas vezes eles têm razão.
4. Buscar desenvolver uma estratégia de ação que desfaça a situação geradora da tensão, tendo sempre em vista o bem-estar do aluno.
5. Ter clareza sobre o ponto-limite de conversa com os pais e de uma ação possível, respeitando a proposta educativa da instituição e o projeto político pedagógico adotado.
6. No caso de ter chegado a esse limite, trabalhar com os pais a incompatibilidade entre as partes e ajudá-los a perceber o mal que faz a uma criança estar no meio de uma briga. Enfim, se for o caso, ajudá-los a procurar uma escola mais adequada a eles.
7. Entender que, quando aceita uma criança a seus cuidados, passa a partilhar com os pais a responsabilidade de sua educação. Mas partilhar não é dividir. As grandes decisões e o principal modelo de educação virão dos pais.

Cabe aos pais:

1. Cobrar da escola sua versão dos acontecimentos.
2. Cobrar da escola mudanças de atitude e estratégia.
3. Ponderar se as divergências são maiores que as convergências.
4. Buscar soluções de conciliação que não sobrecarreguem a criança.
5. Ter clareza sobre o seu ponto-limite de tolerância e, se necessário, partir para uma mudança de escola. Ações judiciais e desentendimentos profundos tornam insuportável a permanência de uma criança na escola. É impossível você ter tanta raiva de um lugar ou de uma pessoa a ponto de levá-los à justiça e deixar seu filho aos seus cuidados. Estudar com o inimigo não dá. Se você não gosta, tire de perto. O mais rápido possível.
6. Entender que a escola é uma instituição educacional com uma proposta própria. Pode ser pública e gratuita, mas também particular e paga. As relações comerciais que envolvem o pagamento não podem se sobrepor à relação de confiança que tem que se estabelecer desde o momento em que você fez a escolha. Aqui não cabe "o cliente tem sempre razão".
7. Ter em mente que as crianças, em muitas ocasiões, precisam mesmo de limite, de regras claras sobre o que são comportamentos socialmente inadmissíveis. Isso faz parte do processo educativo. Exigir que a escola passe a mão na cabeça de seu filho apenas porque você pagou é um comportamento antieducativo, que só reforça problemas de socialização. Escola não é loja, e seu filho não é objeto.
8. Entender que, ao escolher uma escola, você passa a partilhar com ela a responsabilidade da educação de seu filho. Mas partilhar não é dividir. As grandes decisões e o principal modelo de educação virão dos pais.

As atividades complementares

Ficar em casa à toa não dá. Nunca ficar em casa à toa também não dá. Como organizar as longas tardes da infância ou mesmo as curtas manhãs?

As atividades complementares têm dois objetivos: as crianças aprenderem alguma coisa nova – e aí entram a natação, o violão, o judô, o balé – e também preencher o tempo vago. Nos pais há sempre aquela pálida esperança de que seus filhos virem um Michael Phelps ou uma Ana Pavlova. Mas só em casos raríssimos isso de fato acontece. Se todas as menininhas que fizeram balé na vida virassem de fato bailarinas não haveria palco de Municipal que desse conta, nem piscinas olímpicas suficientes para tantos vitoriosos. Por isso, console-se! O mais provável é que, além da pequena experiência e do tempo preenchido, reste apenas uma remota lembrança. Nos melhores casos, adquirem a habilidade para rodar estrela, mergulhar bonito e desenvolver um certo *crawl*. Depois de um primeiro tempo de animação, vem a consciência da insuficiência do talento e... acho que vou sair.

Aqui, atenção! Essas desistências, absolutamente naturais para o comum dos mortais, muitas vezes são usadas como acusação na hora dos desencontros: "Você não leva nada adiante! Larga tudo pelo meio!"

Frustrados com a falta de um dom divino em seus filhos e chateados com o dinheiro gasto, os pais perdem o senso e se esquecem de que um dos maiores objetivos das tais aulas era ocupá-los, oferecendo um leve aprendizado. Ah! Mas como deve ter sido bom ser o pai do Beethoven, hein? Que orgulho! Mas não é o nosso caso. Então, o mais comum é mesmo um troca-troca, um acúmulo de experiências variadas, até que um dia, e isso vale para quase todos nós, simples criaturas, muito depois da infância, poderemos escolher melhor um caminho.

Então, saiba que:

- A quantidade de experiências vai ser um fator de enriquecimento nas escolhas mais definitivas a serem feitas por seu filho no futuro.
- Gênio, gênio, supertalentoso, são poucos nesse mundo.
- Dá para ter uma vida bem bacana mesmo sem ser especialmente dotado. Além do mais, ser superbem-dotado não garante felicidade a ninguém.
- Sair da entediante aula de esgrima sem ter virado o D'Artagnan, tudo bem, mas não aguentar nem um semestre também não dá. Tem que segurar pelo menos um pouco as situações incertas.
- Há aulas que são quase inevitáveis, como inglês e natação, além das necessidades de saúde, como dentista e terapias. Por isso é preciso dosar com cuidado o que mais vai ocupar seu filho. O tempo livre é importantíssimo – para criar, brincar, se entediar, pensar na vida e fazer planos. A criança ocupada o dia todo não tem tempo para sonhar com o futuro. E, sem sonho, como construir a realidade?

Algumas sugestões de ajudas pontuais

- Baby-sitter – aqui se usa muito pouco, é pena! Em geral é alguém conhecido da família e das crianças, que vem de vez em quando e é pago por hora. Procure entre seus vizinhos, amigos, parentes, pessoal da creche ou da escola. Decerto alguém se interessará pelo trabalho. Para um teatro, uma festa especial,

é a melhor solução. Rompa com o preconceito, com os hábitos injustificáveis e vá a um cineminha sossegado.
- Colônia de férias – hoje há muitas pela cidade. A criança fica lá o dia inteiro, ou meio período, come, brinca, se socializa e não morre de tédio e solidão em casa nas férias. Algumas crianças estranham no início. Se for preciso, faça uma breve adaptação. Se não resolver, paciência, não poderá ficar. Afinal, as férias têm um tempo curto.
- Colônias de férias de hospedagem – para crianças maiores, e o critério do que é maior será dado pelo jeito de ser de seu pequeno: se tem irmãos indo junto, se já conhece o pessoal da colônia. E ele tem que querer. Entenda que, para uma criança de até mais ou menos sete anos, pode ser realmente muito esforço dormir em um ambiente coletivo. Mas para os que querem e podem é uma solução maravilhosa. Você descansa deles e eles de você. O reencontro é cheio de saudade e de casos para contar.
- Fim de semana com amigos – se são de fato amigos, se você conhece os pais, por que não? Cuidado com seu ciúme, hein? Mande uma peça de roupa sua, se isso ajudar. Para esse programa, a partir de quatro ou cinco anos já pode dar muito certo.
- Sala de recreação do shopping – só vale por pouco tempo. Fazer todas as compras de Natal e deixar o pessoal por lá é impossível, exceto nos casos de estarem com amigos ou irmãos para montar uma boa brincadeira.

3

Chupeta, mamadeira, paninho e... um pouquinho sobre o peito

Na pracinha, toda prosa, uma mãe contava para outra que o filho nunca pegou chupeta. O tom era de muito orgulho. Uai! O pessoal de outra geração se pergunta, mas tanto orgulho por quê? Afinal, o assunto parece tão banal, só estamos falando de chupeta. Ledo engano. O ponto é que no universo afetivo e cultural daquela mãe, o bebê não usar chupeta expressa a capacidade que ela própria teria de satisfazer seu filhote, de conseguir criar uma criança que vive em paz com a natureza, sem artifícios externos, ainda mais sendo industrializados. Mãe e filho funcionando em sintonia absoluta.

A amiga que ouvia, mãe de um chupeteiro convicto, balança. Meu Deus, será que estou fazendo mal a meu filho, será que só quero mesmo sossego, que não quero pagar o preço de padecer no paraíso? Entre culpada e humilhada, ela mal consegue falar. A conversa, e suas digressões, felizmente é interrompida pela aproximação do pequeno chupeteiro, que, alegrinho, carregando balde e pazinha, a convoca para brincar. Naquele momento acabam a conversa e as preocupações daquela mãe. Tem razão. Melhor deixar de lado o assunto e ir brincar com o filhote, pois usar ou não chupeta não será o determinante na alegria de viver ou no interesse que ele possa ter pela vida.

Ainda que nessa pracinha a principal protagonista da história tenha sido a chupeta, esse papel poderia ser facilmente ocupado por uma mamadeira, um paninho, um travesseirinho. O assunto deste capítulo é o uso de artifícios (ou seriam artefatos?) para complementar as necessidades físicas ou psíquicas de um bebê.

Como as mães, especialmente as dos bebês, se cobram! Por isso facilmente se confundem com exigências de dedicação exclusiva, de harmonia perfeita, de serem, elas e seus filhotes, uma dupla complementar sem fissuras. Humilhadas, gastam horas, que poderiam ser para mais um delicioso encontro, chorando por não serem o que ninguém é, por não terem o que ninguém tem. Para ajudar a escapar dessa horrível sensação (que além de tudo é sempre uma batalha perdida), a principal proposta neste capítulo é refletir sobre o uso e desuso de tais acessórios. Mas, para não dizer que não falamos de peito, levantamos aqui também algumas questões que ele pode nos colocar.

Afinal, para uma criança, mais importante do que o uso de qualquer artifício, mais importante do que precisar de qualquer objeto artificial é crescer em um ambiente onde as pessoas adultas reconheçam suas limitações e as dos outros (inclusive a de seus filhos), onde apostem na capacidade das crianças de pedir ajuda e na dos adultos de ajudar. Crescer cercada de adultos que tenham prazer e se divirtam em sua companhia, ainda que viver com crianças seja a confusão que já sabemos.

Mas vamos ao que interessa...

A MAMADEIRA

Para uns, a mamadeira é um objeto simplesmente perfeito para alimentar um bebê; para outros, o símbolo de um fracasso.

Amigas do Peito, La Leche, o Ministério da Saúde – são muitas as campanhas e os grupos de apoio ao aleitamento materno. Hoje em dia, todos concordam que essa é a melhor forma de garantir a saúde de um bebê, e as divergências se dão apenas sobre o tempo ideal de duração da amamentação. Ótimo! Realmente, dar de mamar – como se diz pelo país afora – é uma experiência que pode ser maravilhosa para algumas mulheres e salvar a vida de muitos bebês.

Mas atenção! Há pessoas, mães e bebês, que, por um motivo ou outro, não conseguem levar adiante sua parceria dessa forma, e não vai ser por isso que se transformarão em menos ligados, menos apaixonados, menos afetuosos do que as duplas de amamentação no peito. O cuidado é para que não haja uma reversão de princípio, em que a campanha do aleitamento materno – que era para ser geradora de benefícios e de aprofundamento de laços – se transforme numa campanha de censura, menosprezo e exclusão.

Procurar ser uma mãe ou um pai legal, presente, é um ótimo plano, mas não podemos esquecer que, apesar de estar nessa nova função de pais, continuamos a ser nós mesmos, com nossas dificuldades e virtudes. E como o que está em pauta não é eficiência quantificável – afinal, não estamos no campo do mercado de trabalho –, deixar o clima de concorrência tipicamente terrível desse universo invadir o espaço dos afetos só pode trazer infelicidade. Saia dessa, preocupe-se com você, com o seu parceiro, com o seu bebê.

Todos nós conhecemos mulheres que falam da enorme tristeza, das lágrimas choradas, da depressão, da menos-valia que sentiram ao ter que dar uma mamadeira ao seu bebê. É difícil aceitar que nem sempre somos, ou podemos ser, as mães que sonhamos ser... Esse é um momento em que há necessidade de apoio, de solidariedade. Por isso, se você for uma dessas mulheres, largue de

Múltiplas funções, diversos sentimentos

Ainda que a amamentação no peito tenha todas as qualidades e vantagens que conhecemos (além do inesquecível deleite de ver seu bebê adormecer derretido depois de uma refeição que seu corpo propiciou), esse sistema também não fica livre de problemas. Há aqueles muito falados – bicos dos seios rachados, leite empedrado, desorientação sobre a quantidade de leite ingerido, e por aí vai –, mas há um outro, que embora menos comentado é também muito importante: a novidade que é para o casal a presença do leite em sua vida sexual. A excitação sexual faz o leite surgir, muitas vezes jorrar. E aí o problema é conseguir, homem e mulher, organizar dentro de si o lugar que cabe ao seio no erotismo adulto e o que cabe ao seio no prazer de alimentar. O seio que nutre e o que o outro adulto toca com prazer podem coexistir perfeitamente.

Para o casal, para o bebê, para todos, o melhor é tentar aproveitar esse momento – um tempo pequeno da vida – sem sacrificar nenhuma das possibilidades. Ter prazer com o marido, incluir novidades na vida sexual e alimentar seu bebê, tudo isso pode configurar numa época muito feliz, rica na diversidade de trocas com o outro. Que maravilha é o corpo da mulher!

lado a inveja da vizinha que jorra leite e não deixe o pessoal torturá-la com essas campanhas. Se não deu, não deu, vamos lá cuidar de nosso bebê e conviver com quem ajuda. E, se você não for uma delas, trate de ser solidária também, até porque são inevitáveis as situações em que nos decepcionamos com o nosso *ser mãe*.

E o pai, hein?

Ainda que pareça um personagem quase inexistente em certas falas sobre o amamentar, ele pode ter um papel superimportante, seja para o bem, seja para o mal. Principalmente quando a mãe está insegura, o que acontece com a maioria das mães de primeiro filho.

Há homens que ajudam muito:

1. Respeitam as dificuldades de sua mulher.
2. Têm calma e paciência com ela, assumem com prazer e orgulho o papel de fornecer segurança à dupla.
3. Colocam as avós em seus devidos lugares, sem disputar áreas de poder.
4. Estão prontos para participar: pegar o bebê para arrotar, trocar a fralda, ninar. Entre um peito e outro há muito a ser feito!
5. Incentivam a amamentação no peito, mas acolhem respeitosamente a impossibilidade de essa dinâmica acontecer.

Esses são os homens que se sentem bem em seu lugar de pai, que respeitam e são seguros em seu lugar de homem. Se permitem sentir um orgulho imenso de ter feito aquela pessoinha junto com aquela mulher e sabem esperar a vez.

Mas também há homens que, às vezes mesmo sem se dar conta (de novo o inconsciente se expressando), atrapalham muito:

1. Morrem de ciúme da relação de sua mulher com o filho dela tão querido (parece até que o filho é só dela!).
2. Morrem de inveja da capacidade do corpo feminino de produzir leite, bebês, essas maravilhas.
3. De forma mais consciente, acham extremamente desagradável toda a dinâmica que se cria em torno de um bebê mamando.
4. Criam um ambiente em que deixam claro o que pensam: não amamentar é um sinal de fracasso da mãe. Ou, ao contrário, tentam barrar a amamentação no peito para não ficarem em segundo plano.
5. Há situações em que, mesmo sendo a favor da amamentação, os homens podem acabar atrapalhando. Alguns pais fazem campanha tão pesada contra a chupeta e exaltam tanto a amamentação que acabam deixando as mães aprisionadas e inseguras. Já vimos uma mãe que dava chupeta escondido do marido! Exagero nosso achar que poderia ser uma tentativa de controle do homem sobre a mulher? Com o mandato "Você tem que ser forte! Se colocar chupeta fracassou!".

JÁ QUE COMEÇOU, UM DIA TERÁ QUE ACABAR: O DESMAME

Quase tão importante quanto a amamentação é o processo do desmame. Seja do peito, seja da mamadeira – ainda que os dois processos possam ser bastante diferentes.

Do peito

Às vezes tudo é tão sintônico que, à medida que o leite vai acabando, o bebê vai se desinteressando também do peito. A dupla mãe e filho, já cansada, quer e pode evoluir para outro tipo de relação.

Às vezes, não é: o bebê insiste, nada serve, só mamãe. Nesse caso, geralmente a mãe, por mais que diga que quer parar, lá no fundinho da alma está com dificuldades em fazer a vida andar. Dar de mamar pode ser muito gostoso, assim como estar grávida também pode dar muito prazer. No entanto, como com quase tudo na vida, existe também o prazer de guardar essa experiência na lembrança e inaugurar novas formas de prazer.

UMA HISTÓRIA DE DESMAME

Uma menininha de um ano e meio e sua mãe estavam às voltas com o desmame, sem sucesso. O processo estava difícil para as duas. A mãe começou a perceber que a filha estabelecia com o pai um leque amplo de formas de comunicação, mas com ela era apenas aquilo: parecia que tinha um radar que só localizava o peito. Com ela, só queria saber de mamar. Perceber como a amamentação tinha se transformado em um fator que, ao contrário de acrescentar, estava limitando a relação foi fundamental no fortalecimento da mãe em direção ao desmame. Fácil não foi, mas com certeza representou para as duas uma nova forma de se relacionar mais ampla e variada. A mãe pôde ir trabalhar com mais calma, a filha pôde se voltar para outras pessoas.

O passo número um para o desmame é refletir sobre os sentimentos que ele desencadeia em você. Por exemplo, o medo horrível de perder o lugar privilegiado de dar o seio. Ainda serei importante para o meu filho? Será que ele vai ficar traumatizado e nunca me perdoará por eu ter ficado farta? Será que, se eu o amasse de verdade, teria a disponibilidade de amamentá-lo para sempre? (Ai, mãe pensa cada coisa esquisita!)

Livres do sentimento de apego imobilizador, vamos a medidas práticas:

1. O desmame é um processo que começa com a introdução de outros alimentos, que, *aos poucos*, vão substituindo a mamada.
2. Não tem brinquedo nessa história. Não deixe o bebê ficar brincando com o seu peito. Desmame significa o fim do uso alimentar do seio. Sem leite o que há é o uso para o prazer erótico, e nesse o bebê não pode estar.
3. O processo do desmame deve ser acompanhado pelo pediatra, pois o que está em jogo é a nutrição de seu filho. Se vai do seio à mamadeira ou à colherzinha, do leite à sopa ou ao suco, ele poderá orientar. Saber o valor nutricional do leite materno em relação à idade das crianças é essencial; afinal, depois de certa fase, a composição dos outros alimentos passa a ser mais importante que a do leite. Essa informação ajuda no processo do desmame, pois um dos maiores medos das mães é que o bebê fique desnutrido sem o leite delas.
4. Ainda que o seio seja da mãe, o processo de desmame é um assunto que concerne também ao pai. E como pode dar satisfação a um pai participar da alimentação de seu filho! Fortalece e amplia o vínculo entre eles.
5. Insista, não desista. Muitas vezes o bebê ensaia uma greve de fome, e você deve tentar não se impressionar muito. Divida a tarefa com alguém, lembre-se de que o bebê lê os pensamentos e sentimentos da mamãe: se você estiver com muita culpa, ele vai reagir a isso. Ofereça comidas gostosas, veja novamente com o pediatra como isso pode ser feito. Pensar que o que você oferece tem um gosto horrível também não ajuda.
6. Falar com a criança sobre o que estão vivendo – ainda que ache que ela não entende – e reforçar as conquistas é muito importante nesse processo.

Da mamadeira

O desmame da mamadeira pode ser bem complicado. Como mamadeira é um objeto sobre o qual dá para se ter controle total, seu uso pode ir até... Dá para imaginar pessoas adultas que, na calada da noite, tomam uma mamadeirinha? Pois é, elas existem.

O grande argumento para o fim do uso da mamadeira, e que serve também para largar a chupeta, é o orgulho de crescer. O prazer de vencer uma etapa, de fazer a vida andar, de ter controle sobre seus desejos. Tudo isso está embutido na disposição de parar de mamar.

O que pode ajudar:

1. Não dê a mamadeira como sobremesa; isso só confunde.
2. Pergunte ao pediatra o quanto de leite a criança precisa para uma boa nutrição. Descubra outras formas de suprir o cálcio: castanha, iogurte etc. e tal.
3. Se, em sua opinião, ele já está muito grande para mamar, tente não humilhar, não contar para a família toda. Não exponha seu filho. Não largar a mamadeira é muito mais a expressão de uma dificuldade do que uma agressão a você.
4. Ajude-o a crescer, valorize suas conquistas. E, na hora de dormir, quando todos ficam mais dengosos, fique com ele, conte histórias, substitua a mamadeira pela sua presença.
5. Suma com as mamadeiras de casa: o melhor é fazer isso junto com o pequeno. Não o surpreenda. Ele tem de saber que elas estão indo para o lixo.
6. Aguente uma noite sem dar a mamadeira, veja o que acontece. Se for dilacerante, recue, mas continue na campanha. Deixe passar dois dias e recomece, mas sempre sem surpresas.

O ASPECTO MENOS EVIDENTE DA ORALIDADE

Os excessos ligados ao uso da boca – abuso do álcool ou fumo, comer ou falar demais ou de menos, roer unhas – são frequentemente creditados à tão falada fase oral. Ou melhor, a uma fixação nela... Ainda que toda essa lista possa ser mais visivelmente ligada a tal fixação, é possível que ela apareça de forma menos evidente, mas não menos significativa. Estamos falando de uma forma de relação com o mundo em que a pessoa, agindo de forma similar à de um bebê, se julga o único ser que existe, incorporando tudo do mundo como uma parte sua, canibalizando o outro nas relações. O caminho é assimilar as características de cada fase, que, em tese, quando harmonicamente balanceadas, nos levariam ao prazer de ser adulto. A fixação seria a preponderância excessiva dos modos de vivenciar a si e ao mundo característicos de determinada fase. No caso da fixação oral, portanto, seria estar no mundo como um bebê, circulando entre dependência e onipotência, excluindo da vida as delícias da liberdade e do convívio com o outro em um sistema de trocas equilibrado. Os desejos, como nos bebês, têm de ser prontamente atendidos. O outro é apenas acessório. Lembrou de alguém? Pois é! E como é fácil encontrar adultos que funcionem principalmente nesse sistema.

A CHUPETA

O questionamento sobre o uso da chupeta é um dos aspectos de um movimento que cada dia parece ganhar mais força – a valorização dos elementos naturais na produção de saúde em detrimento dos produtos industrializados. É de fato impossível hoje em dia defender produtos com agrotóxicos. Mas, para variar, sempre surgem os problemas, e o consumo dos orgânicos também não escapa desse destino. Já viram o custo desses produtos? Proibitivo para grande parte da população.

Se um bebê vai chupar ou não chupeta depende não só da oferta que lhe é feita, mas também de um certo gosto pessoal, se é que podemos falar assim, de criaturinhas ainda tão pequenas. Tem criança que pega e tem criança que não pega. Tem pais que oferecem e tem pais que não oferecem. Tem pais que querem MUITO que a criança pegue e outros que ficam meio na dúvida se vale mesmo a pena. E daí oferecem sem muita convicção. Dessa dinâmica nasce um chupeteiro ou o filho da orgulhosa mãe da pracinha. No entanto é impossível provar que o uso do artifício chupeta, em si, seja a expressão de um grave problema atual ou leve igualmente a graves danos psicológicos no correr da vida. Menos ainda se pode afirmar que os problemas das crianças decorram de um fracasso da mãe em sua suposta função de satisfazer a totalidade dos desejos do filho.

Por isso é preciso ter cuidado. Alguns radicais, ferrenhos defensores do discurso do natural, chegam ao extremo do "Ai, que nojo, chupeta! Um pedaço de plástico na boca de meu filho? Deus me livre!". Dito assim parece mesmo horrível, não? Mas o risco que correm é se afastar da humanidade que nos constitui e esquecerem que existe também uma natureza humana, complexa, incompleta, agressiva, singular a cada um.

A chupeta – ou um similar – já existe há muitos e muitos séculos. Dizem as más línguas que os bebês da Grécia antiga já viviam com uma na boca. Já foram de argila, com um melzinho para adoçar a vida; já foram de linho, molhadas em coisas doces ou apaziguadoras; viraram de borracha e, capturadas pela medicina e pelo mercado, são agora de silicone, ortodônticas. Mas hoje em dia, mesmo após uma longa história que nos conta como a civilização se fez acompanhada da chupeta, percebendo a nossa necessidade de algum complemento ao que nos é natural, muitos já colocam em dúvida seu uso.

Os grupos contra não são poucos. Alguns dentistas a acusam de produzir dentuços. Pode ser, quem vai discutir com eles? Psicólogas que somos, é desse lugar que levantamos nossas questões. Mas a verdade é que conhecemos muitos ex-chupeteiros com dentes arrumadinhos, e também o contrário, gente que nunca viu chupeta e tem a maior confusão dentária. E também, vejam bem, chupeta é para ser assunto de pessoas na primeira dentição; na segunda, com chupeta, já é uma outra questão...

Um argumento de peso a favor do uso da chupeta do ponto de vista médico é resultado de diversas pesquisas que apontam que seu uso diminui a incidência de morte súbita em bebês, uma questão gravíssima. Por outro lado, há pesquisas que atestam que usá-la aumenta os casos de otite. Enfim, cabe realmente aos pais decidir. Mas é claro que tal decisão terá a participação ativa de seus bebês, pois, ainda que mudos, já podem se expressar muito bem sobre esse e outros assuntos.

O que todo mundo sabe é que bebês adoram botar coisas na boca, e esse ato geralmente os tranquiliza, seja de plástico, de linho, de argila, pedaço de mão e até de pé. E todo mundo também sabe que um bebê tranquilo ajuda muito a mãe a ficar mais calma!

O mais interessante e importante nessa conversa é não tirarmos de nossos corações e mentes a certeza de que o bem viver pede de nós concessões, ajuda e apoio. O ser humano não é um ser fechado que se basta e ao qual nada falta, principalmente quando bebê. A independência é um processo sempre a conquistar, somos seres sociais que dependem do coletivo para viver. A arte está em negociar e dosar os apoios externos de que necessitamos, porque não tem como escapar: em muitos momentos da vida vamos precisar de algo ou de alguém.

Quando usar e até quando

Bem, mas imaginemos um cenário: seja por exaustão, seja por convicção, você deu a chupeta. E ele adorou. E agora? Como organizar este uso? E mais: os anos vão passando e o problema vai mudando. Em breve você se perguntará quando deve tirar a chupeta e, o mais difícil, como fazer isso. Seguem algumas ideias:

1. Para os bebês que ainda não se locomovem, o uso da chupeta pode ser bem amplo. Deixe o pequeno usar o tempo que quiser. Afinal esse é seu grande programa. Fora isso, resta a ele mamar, dormir, tomar banho e algumas brincadeirinhas leves que já começam a lhe interessar. Barulhinhos, cheirinhos, *shantala*. Cabe a nós pensar sobre os momentos de oferta. Quem sabe depois de mamar para ajudar na digestão, para dar um arremate no desejo de chuchar? Quando estiver com dificuldade para dormir? Nas cólicas geralmente ajuda. Quando tudo estiver bem, ele tranquilo em seu cantinho ou entretido com você, não precisa. Esse tipo de atitude já vai, desde o início, relativizando a importância da chupeta.

2. Começou a engatinhar, o mundo começa a ser dominado. A atenção vai se desviando aos poucos para um agir sobre o ambiente em detrimento da incorporação oral deste. Já pode ir de um lado para o outro sem nada na boca. Já pode inclusive alcançar outras coisas para botar na boca. E aí, pessoal, muito cuidado! Tirem os sapatos do caminho, os remédios, as sujeiras, os perigos, pois tudo pode virar chupeta.
3. Já está andando, o tempo sem chupeta pode ir se ampliando. Quantas coisas interessantes começam a aparecer e estão ao alcance! Pegar com as mãos, com os pés, alcançar com o corpo. Começar a falar. Assim como assoviar e chupar cana não combinam, não dá também para falar e chupetar: atrapalha muito a comunicação com o outro. Uma ótima ideia quando você não quiser que ela apareça é deixar a chupeta pertinho do proprietário. Ela está ali presente, mas escondidinha. Um bolsinho de sua camisa ou da calça é sempre um bom lugar para guardá-la. A criança fica segura, e você não se envergonha.
4. Agora ele fala mesmo! Tenta até pequenas malcriações! Já que é assim, podemos – e devemos – começar a colocar regras mais restritivas sobre o uso da chupeta. E mais: começar a anunciar o fim de seu reinado. Com calma, negociando, marcando para as datas já cheias de promessas de novos objetos e brinquedos, como aniversário ou Natal. Limitar o uso à hora de dormir é um primeiro passo importante. Lembre-se de que, ainda que possa ser difícil para a criança, crescer é um prêmio também. O mais importante é dosar normas com sensibilidade.

UMA HISTÓRIA DE CHUPETA

Um menino, quando era bebê, nunca aceitou chupeta. Inteiramente na contracorrente de sua família, pois pai e mãe tinham sido chupeteiros dos mais ardorosos. Ok, ele podia escolher. Aos três anos ganhou uma irmã. Quase imediatamente arrumou uma chupeta. E quando já seria a hora de largar! Outra vez contra a corrente, mas o que fazer? Os pais cederam, negociando, porém, um uso restrito. A coisa durou um ano: aos quatro, a criança desistiu. Aquela chupeta extemporânea, apoiada pela sensibilidade dos pais em um momento difícil de sua vidinha, serviu para que ele elaborasse o que ganhou e o que perdeu com aquele nascimento. Pôde assim construir um merecido lugar de orgulho para si e um amoroso lugar de afeto para a irmãzinha. Um sucesso a chupetoterapia! Em muitas ocasiões, um passinho atrás é fundamental para impulsionar um grande passo à frente.

5. A mania foi se estendendo, o tempo foi passando... – é preciso que ele saiba de nosso desagrado, que ele saiba que não fica bem para ele. Não sabemos se nas lonjuras deste mundo também é assim, mas, por aqui, onde vivemos, fica feio, parece bobo. E é, uma vez que os elementos de apoio à nossa fraqueza existencial já poderiam, a partir de uns três anos, ser mais sofisticados – pelo menos em público! Começar a participar do mundo das letras, cores e números, brincar com regras, fazer grupos de amigos, partilhar brinquedos e brincadeiras, criar histórias, falar de si, desenhar, usar o lápis, contar casos, juntar na mente o que percebe do mundo, ampliar o domínio do corpo. A chupeta, por muitos substituída pelo dedo, sai do mundo externo e passa a existir dentro de nós, onde idealmente deve estar nossa capacidade de nos pacificarmos. Vale lembrar que, na língua inglesa, chupeta é *pacifier*.

Porém, de novo. Tanto nos pequenos humanos quanto nos grandes, os comportamentos não são ideais. Por isso, quem sabe, talvez o chupeteiro ainda leve mais adiante esse hábito, agora transformado em um quase segredo familiar. Não desista, mas tenha paciência. A criança brinca bem, tem amigos, aprende, é criativa, obedece de forma razoável, mas à noite chupa chupeta. Ai, ninguém é de ferro! O que precisamos é sustentar, com muito afeto, a campanha para largá-la. Tente a próxima ocasião que traga a alegria e as vantagens em crescer, como dormir na casa de amigos, ir ao passeio da escola, ir ao restaurante japonês, ver o filme do Batman no cinema.

Chupar dedo

E quando o problema é chupar o dedo? Bem, nesse caso fica obviamente mais difícil de controlar, afinal o dedo está literalmente sempre à mão. Mas não faz bem a ninguém ser cúmplice de uma situação em que o filho está fazendo papel de bobo, com o dedão na boca no meio da festa do amigo da escola, por exemplo, e você morrendo de vergonha. Por isso, entenda que, ainda que esteja nas mãos dele largar o hábito (de novo nas mãos mesmo!), você pode dar uma ajudinha.

- Não humilhe, ainda mais em público, para você não sentir vergonha de si mesmo também.
- Entenda que largar um vício não é fácil.
- Deixe para lá em situações que você selecione como razoáveis. Talvez na privacidade da hora de dormir, na tristeza por alguma perda significativa, no nervoso de alguma mudança que está para acontecer ou em um momento de muito ciúme.

- Observando os momentos onde o hábito se intensifica você pode montar estratégias de prevenção, ação e apoio para essas horas. Já reparou que sempre que alguém fala com ele o dedo automaticamente vai para a boca? Converse sobre isso, nessa hora ponha a mão em seu ombro, dê um carinho de apoio. Importante dividir com seu filho essas suas observações. "Já reparou, Gabriel, que sempre que o primo Juca está perto você chupa dedo? Será que é porque ele é muito zangado?" O dedo vai no automático, mas se ele tiver alguma consciência dos motivos, poderá controlar com mais facilidade.

O ACESSÓRIO QUERIDO E INDISPENSÁVEL

Na França ele se chama doudou, aqui cada um chama como quer. O engraçado é que geralmente tem um nome próprio, afetuoso, que surge para a família por algum som que a criança emite. Pode ser um travesseirinho, um paninho, uma fraldinha, um bichinho de pelúcia – é sempre alguma coisa macia, com um cheirinho próprio, que ele esfrega no nariz, no rosto. Algumas crianças o levam para todo lado, outras só pegam para dormir. Nos momentos de maior tensão, ele invariavelmente tem de estar por perto. São raras as crianças que não têm um companheiro como esse enquanto pequenas. E quantas vezes os pais se incomodam com essa presença! Até dá para entender: o paninho vai ficando sujinho, feinho, gasto pelo uso. E como a criança não vive sem aquilo, até mesmo o tamanho dessa paixão pode incomodar os pais.

D.W. Winnicott, psicanalista inglês, pediatra, conhecedor sensível da alma infantil, dá um nome técnico a esse objeto, chama-o de transicional. Transição, pois, segundo ele, ainda que seja um objeto palpável, também mora dentro, na psique, de seu pequeno proprietário. Fora, mas vindo de dentro. A mãe, começando a ser percebida como um outro diferente de si, como alguém que escapa ao seu controle, deixa no objeto as marcas do cuidado e da presença. O cuidado, a presença, a ausência, os afetos – por não estarem ainda suficientemente contidos no interior de seu psiquismo, de sua mente, ficam ainda representados em algo externo, que pode ser tocado, do qual precisam essencialmente, e que, diferentemente da mãe, podem controlar. O doudou querido que, coitado, às vezes é jogado longe, pisoteado, afinal a raiva também é um afeto com o qual temos de lidar.

Por isso é preciso apoiar os tais paninhos. Lave o mínimo possível – nada de produtos com essências, pois seu cheiro é importantíssimo. Cuide dele, não deixe se extraviar, incentive o uso entre os pequenos. Nos adultos, a herança que fica dessa relação é nossa capacidade de criar, de brincar, de fazer arte, de colocar no mundo o que vem de dentro de nós e se transforma em algo palpável e partilhável por muitos.

E não se preocupe, aos poucos o paninho vai perdendo a função, e quando você se dá conta, ele já ficou no fundo do armário.

4

Dormir: como, quando, onde e com quem

Tem coisa mais gostosa no mundo do que num domingo, friozinho, todo mundo empilhado na cama, aquela bagunça, aquela alegria? É verdade que as crianças aparecem sempre um pouco antes de nosso sono acabar, mas, quando tudo vai bem (quando ninguém bebeu muito na véspera, teve insônia, está exausto de tanto trabalhar ou está doente), ser acordado por elas é uma delícia. Pois é, mas esse mesmo prazer pode ser um desprazer quando o que acontece são visitas noturnas e constantes.

Quando um bebê nasce, geralmente os pais o colocam no quarto deles, perto da cama. Para as mães, é um tempo para se acostumar com o bebê como um serzinho que está longe de seu corpo; para todos, conforto e praticidade na hora de atender às demandas do recém-nascido. Uma vez passado esse primeiro momento de insegurança, o pequeno já pode tomar posse de seu quarto, de seu espaço na casa. Afinal, as apresentações já foram feitas, já se estabeleceu um ritmo de mamadas, os pais já discriminam os sons do filho, já têm noção de seu próprio sono – o quanto precisam dormir e o quanto podem – e já organizaram uma divisão de tarefas. E mais, quando tudo corre bem, eles recomeçam a ter necessidade de ficar a sós, de usufruir de seu espaço privativo. Mas é no manejo desse desejo – aparentemente tão legítimo e óbvio – que podem começar a se construir os atropelos do futuro.

Aqui, de novo, é preciso lembrar que a maneira como criamos nossos filhos é sempre calcada – como parâmetro, não como submissão – na maneira como fomos criados e nos sentimentos e afetos que vivemos quando crianças. O quarto dos pais, muito além de ser um cômodo da casa, é um lugar coalhado de fantasias. Por ali circulam, é claro, as fantasias do casal, sobre sexo, parceria, partilha, segundo o estilo de cada um. E, na fantasia das crianças, ficam as interrogações: o que eles fazem lá? Qual o mistério dos encontros dos adultos? Será que tem violência também?

Agora nós somos os pais. Crescemos, viramos os donos desse lugar fantástico. Imagine que lá se fazem até bebês! Tudo o que a gente queria quando era pequeno: ter a chave do quarto, o mando da casa, ser grande, ter o controle de quem entra e quem sai de nossa cama. Mas, de repente, o que é isso? Fomos invadidos! Pequenos déspotas nos dominam! Como Gulliver em Lilliput, os pais são amarrados, dominados e, frequentemente, expulsos do território de sua cama para o quarto das crianças. E ali, o que os espera é um espaço em que só dá para dormir de lado, e com os pés sobrando! Parece que a gente nunca consegue estar no melhor lugar!

Recuperando o conforto da cama do casal

Para iniciar os trabalhos em direção à retomada do território perdido, vamos observar primeiro os argumentos mais usados pelos pais para justificar sua derrota. Aliás, esses argumentos valem para justificar não só que sofreram uma derrota pontual, mas também que sucumbiram e perderam inteiramente a guerra. Fica meio pesado colocar em termos tão belicosos, mas, por favor, às duas da manhã os pequenos se parecem mesmo com o inimigo. Vamos ver, então, se alguns desses argumentos são ou não meras desculpas e se fazem sentido para você.

- Trabalhamos demais, ficamos exaustos, não temos a menor condição de acordar de noite, pegar no colo ou, quando já não cabem no colo, ir encaminhando os zumbizinhos de volta até o quarto. Difícil ter filhos e precisar trabalhar tanto para sustentá-los. Melhor deixar ficar.
- Não estamos nem um pouco a fim de desfrutar das delícias de ter um parceiro. Não queremos mais sexo nem proximidade física. A criança faz um efeito muro. Melhor deixar ficar.
- Não tenho parceiro/a, estou supersozinho. A criança supre essa falta. Melhor deixar ficar.
- Ele está doentinho, tadinho, acorda a toda hora tossindo. Ficamos preocupados: dormindo longe, podemos não ver alguma emergência. Melhor deixar ficar.
- Dá muita pena, como a vida é injusta! Nós aqui juntinhos e ele lá sozinho. Melhor deixar ficar.
- Quando crianças, padecemos muito do outro lado da porta fechada do "santuário do leito conjugal". Agora, a criança excluída que fomos – e que transferimos na fantasia para nossos

filhos – vem cobrar como herança o que julga ser seu direito de propriedade. Em algum lugar de nossa vivência, colocamos nossos filhos como mensageiros da criança que fomos, trazendo notícias de nossos afetos infantis. Quando entramos nesse registro, impossível encaminhar para outro quarto a criança desamparada que fomos, perdida do passado. O jeito é deixar ficar.

Ainda que, vez ou outra, todas essas hipóteses possam ser justificáveis, o problema surge quando elas dão base à cronicidade de condutas, seja por nossa falta de disposição, seja por dificuldade com algo de nosso que contribui para a situação. Acaba virando um vício e, geralmente, como ocorre com qualquer vício, a coisa chega a um ponto em que não é possível nem uma provadinha: não podemos nem mais deixar tirar um cochilinho no colchão do papai e da mamãe.

Outro grande mal-entendido é partir do princípio de que todos os problemas de sono das crianças se resolvem indo dormir na cama dos pais. Engano, pois muitas vezes é exatamente por dominarem esse espaço que as crianças têm problemas de sono. Nesses casos, deixá-las lá só enfraquece mais o lugar dos pais e perturba os bons sonhos dos filhos.

Algumas propostas de ação
(com eventuais explicações sobre elas)

Para muita gente, o ato de ir dormir não é fácil. Raríssimo encontrar quem nunca tenha tido esse problema, nem que seja em algum período específico da vida. A indústria farmacêutica que o diga. Mas as soluções que ela oferece podem ser eficazes para adultos; para as crianças, o melhor remédio ainda é um adulto confiável e/ou um objeto substituto (ver Capítulo 3) para fazê-las adormecer. A lembrança/sensação do corpo grande e envolvente da mãe, entalada em uma cama infantil (ai, minha coluna! Ai, meu dia de amanhã!), sustenta muita gente boa em momentos difíceis da vida.

Por isso considere que pode não bastar seu filho deixar de ser bebê para você se livrar de seus problemas de sono. Para tentar escapar desse destino seguem algumas propostas:

1. Crie uma rotina para a hora de ir dormir.

A rotina serve para dar garantias, tanto aos pais quanto aos filhos, principalmente a de que as coisas da vida podem ter, no mínimo, certa invariabilidade, o que é um conforto. Para dormir em paz, para se desligar, é preciso ter a certeza de que se chega ao dia seguinte, de que o mergulho tem volta, começa hoje e acaba amanhã. Assim, se a hora de dormir é às 20h, por exemplo, a tendência é que a criança em idade escolar se habitue a essa norma e as discussões cotidianas deixem de existir. Porém, não se iluda: não vai ser automático. Às vezes vai haver resistências, mas não desista, pois é importantíssimo que se crie em casa o clima "hora de dormir": tudo se acalmando, brincadeiras tranquilas, conversas e firmeza de sua parte. Um banhinho morno também ajuda.

2. Distinga fins de semana de dias da semana.

Não têm nada a ver as normas do dia de semana com as de sexta e sábado. Crie outras normas para esses dias, ou desista delas, deixando o pessoal entregue ao próprio ritmo. Assim como nos faz bem existirem dias de folga, diferentes da rotina, para eles também faz. A certeza da liberdade facilita aguentar a restrição. O argumento "hoje não, mas no sábado pode" tranquiliza. A esperança de um futuro melhor é sempre calmante.

3. Esteja disponível.

O ser humano, assim como aprende a andar e a falar, aprende também que a noite é a melhor hora para dormir. Para toda essa aprendizagem, a presença implicada, envolvida e afetiva do adulto é fundamental. Assim, na hora de colocar para dormir, o estado de relaxamento e entrega do adulto envolvido na tarefa faz toda a diferença. E, de novo, essa proposta não é fácil, pois temos mil coisas que queremos e precisamos fazer. O trabalho que ficou para depois de eles dormirem, a louça para lavar, o jantar a dois, a amiga que está esperando um palpite. Ai, não! Minha mãe ligou!... Tudo isso pode ficar andando em nossa cabeça, agitando a mente, deixando o corpo intranquilo... Aí fica complicado. Porque é justamente a presença do adulto entregue àquele momento que vai permitir e auxiliar a criança, ela também, a se desligar, a se entregar à solidão e ao sossego do sono reparador. Por isso, procure estar presente na hora em que eles vão dormir. Quando o casal parental mora na mesma casa, fica mais fácil, pelo revezamento possível. Ter um adulto andando pela casa, mesmo que esteja cuidando de sua própria vida, já dá um bom aconchego. Melhor ainda se ele estiver disponível para ser convocado em caso de pesadelo ou de dificuldades diversas. Vozes ao longe, conversando afavelmente em outro cômodo, já criam um ambiente gostoso onde é possível se entregar ao sono com mais garantias.

4. Faça coisas gostosas.

Não dá para definir exatamente o que é coisa gostosa. Para alguns é carinho nas costas, para outros é cafuné. Aos poucos, cada filho vai construindo a sua gostosura preferida. O importante é que você esteja disponível para ele. Algumas crianças gostam de fazer o contrário: só dormem com elas próprias fazendo carinho em quem estiver ao lado. É ao gosto do freguês.

Mas, para muitas crianças, um item pode ser fundamental – aquele objeto de apego, o escolhido, que elas abraçam para dormir, aconchegadas e inebriadas com o reconfortante cheirinho, com a certeza da sua presença e de seu controle sobre ele. Paninho, fralda, travesseirinho, um boneco mole... De novo, cada um elege o seu. E pode ser um hábito que muitos levam até as fronteiras da adolescência. Para não falar, pasmem, dos muitos adultos que não desapegaram. Algumas crianças preferem a leitura; para os maiores, é muito bom a leitura conjunta, um trecho toda noite, como novela. Para os menores, livrinhos que, na maior parte dos casos, são lidos e relidos milhares de vezes. Pequenos adoram repetição. (Aliás, nós também: quantos *remakes* e velhas séries não povoam nossas insônias!) É o mais do mesmo. Algumas crianças, durante meses, só dormem ninadas pelo Mico Maneco* ou seus similares. A repetição dá a sensação da certeza, do controle. Invente também suas histórias, conte aventuras que viveu. Se não houve nenhuma, transforme coisas banais em situações interessantes. Crie, por favor. Esse truque serve também para ajudá-lo a dormir. Se conseguirmos tirar mais graça de nosso cotidiano banal, podemos também dormir melhor, tendo mais prazer em acordar no dia seguinte.

---

* Para quem não conhece, vale a pena: de Ana Maria Machado e Claudius, Mico Maneco é uma série de livros que as crianças adoram!

5. Abra mão da exclusividade.

No tempo da amamentação, se o bebê mama no peito, a mãe é insubstituível; mas quando esse período passa, o pai e outros adultos vão se apresentando. O revezamento entre os cônjuges na hora de dormir fortalece vínculos, amplia a troca de afetos, dá mais sossego e liberdade a todos. Babás, avós, madrinhas, padrinhos, tios, primos e amigos também podem se colocar de forma a serem aceitos como fonte de aconchego. Essa possibilidade – ou melhor, essa oportunidade – depende de certa liberação da mãe. Muitas mulheres têm grande dificuldade em abandonar seu reino. Tudo corre bem durante o dia, mas na hora do sono, em que todos ficamos mais regredidos e expostos a nossos afetos mais sensíveis, quando ficamos mais frágeis, a cena se refaz e... só mamãe pode. E como é comum ouvir de mães, cansadas com tantos afazeres, reclamações de que estão sendo sugadas pelas crianças... Sem se darem conta do quanto colaboram para a situação.

Partilhando a cama

É quase impossível encontrar, entre os comuns mortais, algum pai e alguma mãe que nunca tenham colocado seu filhote, pelo menos uma vez na vida, para dormir junto, na mesma cama. Seja por cansaço, preocupação, peninha, falta de espaço, hábitos culturais etc. e tal.

Quando o motivo é cultural, não tem discussão, a vida é assim. Se o motivo é econômico, também não, não tem outro jeito, é a forma como a vida se apresenta. Esses são os casos em que a criança tem que dividir de fato a cama com os pais.

Para todos os outros, é simplesmente uma escolha colocar a criança na cama para ter mais sossego. Afinal, ninguém é de ferro! Tudo bem. Mas nosso assunto aqui é a escolha de dividir a cama com o bebê como uma norma de conduta, como uma das atitudes que levariam a se criar filhos melhores, crianças mais felizes, pais mais dedicados. Enfim, seguir a prática que uma instituição norte-americana chamada Attachment Parenting (Criação com Apego) preconiza.

Segundo o grupo, as vantagens seriam tanto para pais como para filhos. Do lado dos pais, a diminuição do cansaço noturno e a facilitação da amamentação. Do lado do bebê, se sentir mais seguro e bem atendido. Dos dois lados, a construção de vínculos entre ambos. Existem até móveis criados especialmente para favorecer a prática da cama compartilhada, como berços que se acoplam à cama de casal, substituindo talvez o nosso velho conhecido carrinho dos primeiros dias, não? Só que agora bem grudado.

Há quem argumente contra, considerando tanto o perigo que pode ser um corpo adulto adormecido sobre o bebê como a possibilidade de a criança nunca mais sair da cama dos pais. Outro ponto importante na argumentação contra é a intimidade do casal, sua vida sexual, ficar inteiramente à mercê do novo parceiro de leito. Claro que é possível fugir para o sofá da sala, para o chão da cozinha, mas, poxa vida! Depois de adultos, perder o conforto e o prazer de sermos os donos de nosso leito conjugal? Como será que os grupos humanos que têm essa prática resolvem essa questão? Será que com o argumento da natureza os pais não estariam, em nosso universo cultural, entregando a seus filhos todo o domínio sobre a vida familiar?

> ## O GRANDE PROBLEMA DE TODAS AS NOITES PARA OS PAIS DO PESSOAL MAIORZINHO: A INTERNET
>
> É realmente preciso estabelecer regras para o uso da rede. E fique atento, pois, como você já sabe, desde muito pequenos eles estão mais que à vontade com as mil maneiras de acessar tablets, celulares, computadores... E o amplo acesso amplia também as chances de burlar as leis que você estabeleceu. Seu filho pode ser muito legal, mas, como no fundo é igual aos outros (ainda bem, não é um ET!), considere que ele pode tentar burlar a lei e usar a internet na surdina. Se você o flagrar, não faça escândalo: isso só ajudaria todos a perder o sono, inclusive os vizinhos. Também, no geral, não se trata de uma falha de caráter ou de um vício nefasto. É apenas uma desobediência. Nos casos de reincidência, impeça o acesso quando quiser que ele durma. Previna-se, marque horários e quantidade de horas, que sejam diferentes segundo os dias da semana. Casos bem mais raros já chegam ao campo do vício, e para esses a ajuda profissional é importante.

O SONO COM UM RECÉM-NASCIDO

Vamos tratar primeiro do sono da mãe. Porque mesmo quando o pai é superparticipante, acorda, troca a fralda, dá colinho – apesar de ter de trabalhar no dia seguinte –, o sono da mãe que amamenta fica sempre mais exposto às aventuras noturnas do bebê.

A gente pode culpar os hormônios, confusos com tantas adaptações. Pode até diagnosticar certa depressão; afinal, são muitas as solicitações que a vida e o corpo fazem nesse momento. Nada disso está fora de cogitação. Mas o ponto principal é que um recém-nascido perturba radicalmente nossas deliciosas (ex-) oito horas de sono, e isso, com o tempo, pode se tornar desesperador. As mães ficam esgotadas! O pior é que ainda por cima dá uma culpa enorme, afinal, coitadinho, ele acabou de nascer, é meu bebê querido, uma paixão imensa, precisa tanto de mim, e eu aqui, pensando em uma boa rede, travesseiros, silêncio, sossego, querendo que ele vá um pouquinho para a casa do vizinho, querendo voltar nove meses atrás... Que crueldade!

Algumas mulheres têm *o* dia do choro, outras têm diversos dias de choro. Dá uma infelicidade terrível, um desamparo absoluto. Não se assuste, pois essa sensação também passa, faz parte. É um momento que, na maior parte das vezes, se cura com algumas horas de bom sono. Só que às vezes a gente se perde, deixando maternidade e divindade na mesma prateleira. Uma coisa é ser boa mãe; outra é ser uma deusa, pairando sobre as fraquezas humanas. Toda mãe deve se lembrar de que seu bem-estar é fundamental para o bem-estar do bebê; por isso, ela também tem de se tratar com muito carinho. Portanto, se você é companheiro/a, não se esqueça de cuidar muito bem da mãe de seu bebê.

Mas se você é a mãe e começa a sentir que tudo em volta está sem graça, que nem o seu filhote lhe dá alegria, ou que todo encanto que ele é não é suficiente para fazer com que você aguente a trabalheira, converse sobre isso com alguém de sua confiança, seu parceiro, sua mãe, o terapeuta (se já tiver algum). Se não tiver, procure. Há profissionais especializados nesse problema.

O fato é que, no início, vai ter de ser assim mesmo: você e seu bebê começando a se conhecer, se adaptando um ao outro. E é você quem vai ensinando a ele coisas do mundo aqui do lado de fora, como esse inacreditável padrão de dormir à noite. Ainda que bebês já nasçam com estilo próprio, com um corpo que só eles mesmos sabem como é habitá-lo, a mãe tem papel fundamental no tom final. Na maior parte dos casos, os tipos de aflição, de angústia e de preocupação dos pais e a relação deles com o próprio sono são determinantes da forma como a natural adaptação inicial vai se desenrolar.

E o pai do bebê nisso tudo? E o sono dele? Na novela do início da vida da criança, este papel é sem dúvida de coadjuvante: os papéis de protagonistas já estão ocupados. Mas, na prática, o que isso significa?

- O principal é conseguir ficar tranquilo e aceitar o papel secundário. Não se apresse, seu personagem ainda vai crescer muito na história de seu filho. E lembre-se de que por isso mesmo não vai precisar acordar para dar de mamar tantas vezes por noite.
- Mesmo sem amamentar, é preciso não deixar a tarefa de cuidar do bebê à noite só para a mulher. Organizem um sistema de revezamento para atender a criança, em que seja considerado não só o cansaço da mãe, como também o dia seguinte do pai no trabalho. Não se deve descartar a ideia de que pode ser preciso chamar alguém para ajudar.
- Parceiro consciente, não se esqueça de que seu trabalho fora de casa e o dela em casa, ainda que ambos sejam cansativos, são de ordem muito diferente. Respeite o cansaço da mãe, sua sensação de aprisionamento, mas respeite também a necessidade que tem de manter o seu emprego. Você não vai poder dormir de dia, e esse argumento tem que constar das negociações noturnas.

É preciso, porém, ter cuidado com o radicalismo militante, que pode levar a enganos profundos. Foi o que aconteceu com os personagens de uma história que ouvimos outro dia. Um casal jovem decidiu que a mãe não iria amamentar seu bebê para os dois genitores ficarem em pé de igualdade! O resultado, é claro, não foi bom para nenhum dos três. Acharam que podia mesmo haver o tal pé de igualdade em tudo... Pois se uma das graças da vida é serem dois, de existirem no mundo dois diferentes de onde vêm os bebês! Pelo menos até onde chegou a ciência – e foram avanços incríveis, como inseminação artificial e barriga de aluguel –, ainda não se pode prescindir de dois sexos diferentes para a procriação. Por isso, até segunda ordem, é o corpo feminino que tem condições de nidação e aleitamento. Ao corpo masculino a natureza reserva outros tipos de função e prazer. Vamos tentar aproveitar essa diferença enquanto é ela que ainda vigora. Enquanto a clonagem ainda não é uma opção corriqueira.

As crianças de hoje dormem pior que as de ontem?

Um fenômeno interessante de se observar é como as crianças de hoje em dia tendem a ter um sono muito mais atrapalhado do que o de seus pais na infância. Um número enorme de pequenos, já com seus três anos – ou até bem mais –, acorda de noite. Os pais, no entanto, mesmo se sentindo sacrificados, aceitam esse novo padecimento. Como explicar esse fenômeno? Uma boa hipótese é o tão falado lugar de reis do lar, hoje ocupado pelas crianças. Pais culpados por não corresponderem ao ideal social de perfeição, assombrados com a possibilidade de os filhos não os amarem, facilmente se escravizam. Ao menor ruído, correm para atendê-los. O que era para ser apenas um barulhinho, um muxoxo vindo da criança, se transforma, para os pais, em apelo desesperado e irrecusável. Ainda que sonolentos – e achando mesmo terrível ter de lidar com o filho no meio da noite –, captam toda a cena como enaltecedora de sua função. Sentem-se mais amados e poderosos por serem indispensáveis para que o filho durma em paz. Sentem-se absolvidos do que julgam pecados de abandono cometidos durante o dia. Com isso, perdem de vista que quem assume realmente o poder são as crianças. Fórmula perfeita para ensiná-las a dormir mal. Fórmula perfeita para os pais se aborrecerem.

Outra característica de nosso tempo que também ajuda a construir esse quadro é a hipervigilância que as crianças sofrem. Sorria, você está sendo filmado (ai, que mau humor dá esse aviso!), esteja sempre à mão no celular, nas babás eletrônicas, nas câmeras domésticas. À desconfiança generalizada em relação aos cuidadores junta-se a busca de controle absoluto sobre os filhos. Os pais parecem ter enorme dificuldade em se verem excluídos de qualquer momento da vida deles. A paz da solidão, da introspecção, do ficar entregue a si próprio, receita de sono tranquilo, vira um elemento dissonante desse modelo de relação controladora e intrusiva que oferecemos às crianças.

Fórmula perfeita para ensiná-las a dormir mal. Fórmula perfeita para os pais se aborrecerem.

Dormindo fora de casa

Agora ele já vai à escola, conversa, conta casos, fez um grupo de amigos. Toda a confusão dos primeiros tempos passou. Dormir na casa dos avós, na casa dos tios, dos dindos queridos também já virou café pequeno. Afinal, ele não é mais um bebê, já é uma criança de cinco anos. Chegamos, em tese, a um bom momento para começar a dormir na casa de amigos. Para ele, é o começo da independência; para nós, um pouco de ciúme, um pouco de alívio e um pouco de orgulho. A fórmula, no entanto, não serve para todos: muitas crianças demoram um pouco mais para colocar o pé nessa estrada, o que não faz mal. Só começa a ficar preocupante quando elas querem ir e não conseguem. Ou ainda quando a dificuldade é tanta que, já lá pelos oito anos, chegou até a perder a vontade de ir. É para se preocupar quando ele está grudado demais em você e pode ser aconselhável procurar ajuda de um profissional. Mas, antes disso, vale tentar reverter a situação, e o primeiro passo é sempre olhar para nós mesmos. Quem sabe somos nós que, por morrermos de ciúmes ou por outro motivo qualquer, estamos atrapalhando? Pense um pouco sobre isso.

Ok, agora que já encaramos nossos maus pensamentos, que já os temos mais dominados, vamos ver algumas ideias e medidas práticas que podem nos ajudar nessa travessia.

Como e por que ajudar

Primeiro passo: ele escolheu os amigos, mas você também tem de escolher os pais. É preciso que sinta confiança, que sejam pessoas de quem você goste e que, com toda a certeza, vão cuidar bem de seu pimpolho.

Coloque-se disponível para ir buscar em casos extremos. Ele tem o direito de fracassar em seu propósito, de ser acolhido em sua angústia. Mas cuidado: mais uma vez sua sensibilidade terá de ser acionada, pois ir buscá-lo ao primeiro mal-estar também não ajuda. Tente que ele fique e só vá se a barra pesar mesmo. Os pais do amigo podem também dar uma noção mais realista sobre o problema.

Combine tudo e pense em seus limites. Se você mora longe do tal amigo, seu carro está na oficina, tem de ficar claro ANTES de ele ir que você não tem a menor chance de ir buscá-lo imediatamente.

Mas não tenha dúvida de que é muito importante ajudá-lo a ir. Só há vantagens. Ele ganha autonomia, aprende a cultivar amizades e a conviver com os amigos e com adultos fora da família, e aprende a ser cuidado por pessoas que não façam parte de seu círculo próximo. Começa uma vida independente, que ele próprio constrói e escolhe. Tudo isso só reforça a autoestima da criança. E que delícia voltar para casa! Que delícia estar com nossa família depois de uma boa aventura! Que delícia estar de novo com nosso filho! Fiquei até com saudade!

5

COMER: NECESSIDADE, PRAZER E JOGO DE PODER

Ok, comer é uma necessidade, qualquer bichinho sabe disso. O corpo avisa: – Fome, fome! O bichinho escuta, sai atrás de comida e, pronto, barriga cheia, a vida continua. Mas nós, humanos, somos realmente uma estranha espécie animal. Pois, desde pequenininhos, o ato de comer, em princípio tão simples e vital, ganha sentidos e se amplia em significados quase ilimitados. E por isso tem o poder não somente de proporcionar momentos de grande prazer, como também de se transformar no cenário de graves patologias.

Comer é fazer contato com o mundo exterior. À necessidade de alimento, junta-se a necessidade de uma outra pessoa para provê-lo. E vejam quanta coisa boa pode acontecer quando o bebê se alimenta: fica satisfeito pela fome saciada (barriga cheia, que gostoso), tem o prazer de usar a boca (a mesma boca do beijo), mamãe fica contente com o seu bebê (que fofinho, engordou quinhentos gramas esse mês!), mamãe fica feliz consigo mesma (que boa mãe eu sou! Melhor que a encomenda...). O problema é que, em todos esses aspectos, as coisas podem não funcionar tão bem. Aliás, raro é não haver algum tipo de desencontro. Os momentos de insatisfação, tão comuns, vêm de ambos os lados. Por parte da mãe, há a preocupação com a velocidade do bebê em engordar, com sua competência em atendê-lo. Por parte da criança, podem ser algumas refeições mais insatisfatórias, alguma fome mal saciada, um sapinho ou machucadinho na boca, dente nascendo... A coisa vai se complicando quando a dificuldade for geral e a insatisfação, profunda. Aí, sim, o bebê começará a dar os sinais. E o pior é que, frequentemente, esse modelo inicial confuso pode se estender por muitos e muitos anos na relação da criança com o ato de se alimentar.

Comer, portanto, é uma relação entre dois seres, que reagirão um ao outro e ao ato que partilham das formas mais diversas e complexas. Afinal, não se trata de um assunto qualquer: trata-se de manter a vida funcionando. Para o bebê, sua primeira relação constante com o mundo exterior; para a mãe, uma forte garantia de que seu filhote vai seguir em frente forte e saudável.

E aí, nessa cena, mesmo com um dos participantes recém-chegado a este mundo, já pressupomos um encontro entre desejos. Mas isso é nos dias de hoje, claro, porque durante séculos e séculos, o bebê era visto quase como um bichinho, sem demandas subjetivas, sem questões psicológicas. Cabia aos pais apenas alimentá-lo e deixar crescer. Houve até um tempo em que o bebê nascia e era levado para longe, para a casa da ama de leite, que ficava com ele até o desmame. Uma vez desmamado, ia de volta para a mamãe.

Assim temos, de um lado, o bebê, senhor de direitos; do outro, a mãe, senhora de deveres. Mesmo que se considere que a mãe do recém-nascido tenha direitos – de sentir tristeza (triste? Como? Seu bebê é lindo!), de não ter energia nem para passar batom, de não ter vontade de transar, de sentir um cansaço profundo, acompanhado da terrível fantasia de que a vida será assim para sempre –, o que parece importar a todos é a felicidade do bebê. A ordem é, então, que a mãe, nos primeiros meses, se coloque inteiramente à disposição de seu filhote. E tudo porque ali, na possibilidade da amamentação no seio, está a prova viva da exclusividade da relação mãe/filho. Mesmo nos casos onde entra a mamadeira, o pano de fundo é o seio e o corpo da mãe. Lançar mão da mamadeira pode não ser como poderia ter sido, mas a ordem é alimentá-lo da forma que se aproxime o máximo possível do que seria como indica a natureza.

Mas atenção: toda essa intensidade da relação alimentar mãe/recém-nascido frequentemente esgota a mãe. A tadinha começa a se sentir desamparada, fraquinha (poxa! Ninguém cuida de mim!). Assim como seu bebezinho, ela também precisa de apoio. O leite fraqueja e a mãe também. Começa a se sentir culpada. Ai! Que confusão pode se desencadear a partir daí. Ainda que, em algum momento, esse estado de esgotamento seja bastante comum, vale a pena tentar não chegar lá ou, se chegar, não deixar que dure muito. Pais, avós, babás, parentes, vizinhos, os que fazem parte do círculo da mãe precisam estar alertas para lhe dar apoio, sensíveis em não fazer cobranças excessivas. Afinal, mãe também é gente.

As crianças crescem, o tempo passa, aparece a sopa, o suco, a colher, a pizza, o brigadeiro, a batata frita e os legumes... Ai! Os legumes. O papel de exclusividade da mãe se eclipsa, o prazer e a continuidade vital que dela provinham se relativizam. E muitas vezes, à sombra da primeira relação, os sentidos produzidos pelos dois nos primeiros meses – quando comer era a principal relação da criança com o mundo e da mãe com o bebê – constroem o campo onde as batalhas do "só mais uma colherada" vão se desenrolar.

Alguns problemas de alimentação

Só para lembrar o que todo mundo já deve saber. O prazer de comer se modifica inteiramente no correr da vida: na vida de cada um e na vida de todos nós. Depende do gosto individual, mas também da oferta, da cultura e da quantidade de dinheiro que existe para a despesa. Se para um bebê comer é quase tudo, para uma criança descobrindo o mundo comer é quase nada. Para um adulto ocupadíssimo, almoço é coisa secundária. Para um aposentado pode ser a grande chance de encontrar os amigos. Para um adolescente, uma fonte de horrores: ser magro ou ser gordo pode garantir ou destruir seu lugar no paraíso terreno. Tudo isso é para nos lembrar que a hora de comer é só a hora de comer para a maior parte das crianças: não é momento de fazer amigos, ninguém vai puxar conversas especialmente boas, não lhes virá a lembrança do maravilhoso restaurante a que já foram, não desfrutarão da sensação narcísica de ter alcançado um poder de compras que lhes proporcione "adorar aquelas trufas brancas". A hora de comer serve simplesmente para matar a fome. Não há a preocupação de comer pouco para não ter pneuzinhos, nem o interesse por valores nutricionais ou quantidade de calorias. Comem, apenas, e com um mínimo de intercorrências. Mas de uma coisa as crianças sabem: que elas se alimentarem tem um valor inestimável para os adultos. E outra coisa elas sentem: que, em algum lugar de si, seja no corpo, na alma, seja nos dois, se inscrevem trocas afetivas ligadas ao comer. Junte-se a isso o direito de opinar e de fazer escolhas que as crianças têm atualmente, e pronto! Começa a luta pelo poder em torno dos legumes e dos brigadeiros.

Ele só come besteira

O conceito de besteira, mesmo que muitas vezes apoiado em dados ditos científicos, pode ser, ainda assim, perfeitamente relativizado. Primeiro, porque a ciência se transforma: o pobre do ovo, por exemplo, já foi julgado, condenado e absolvido diversas vezes. O chocolate, também, vive de um lado para o outro, faz bem, faz mal, todo mundo fica tonto, muda de lado a cada segundo e segundo o ponto de vista. A última que saiu sobre ele é que, se for amargo, faz bem; se for doce, faz mal. Ainda bem que o assunto é chocolate e não a maneira de levar a vida! De qualquer forma existem unanimidades, e a gordura hidrogenada é uma delas. Refrigerante é outra. E tem mais, a ideia do que faz mal varia também conforme a cultura: não é que existem mil estudos falando da baixa incidência de problemas cardíacos na França, reino do bacon, da manteiga, dos cremes e dos pães? Pois é, já do outro lado do Atlântico, esses ingredientes são os principais acusados de provocar ataques cardíacos nos corações americanos. Fígado, miolo, dobradinha, tudo isso fazia um enorme bem a todos muito poucos anos atrás. Hoje, as crianças nem sabem do que se trata. Muitos pais também não. Outro ponto importante e terrivelmente perigoso é que, em geral, se relaciona a noção de besteira com a de coisa gostosa. Pense bem se lá no fundinho de sua mente você não sente assim. Se a resposta for "sim, na verdade para mim besteira e gostosura se confundem" já se colocou em uma rota difícil. Uma coisa é não deixar seu filho comer besteira, outra é não o deixar comer coisas gostosas. Afinal, condenar um filho a uma vida sem gostosuras é uma tarefa hercúlea para os pais.

Ainda que cada um tenha seu gosto, entre pais e filhos o ditado não vigora: entre eles gosto *se discute*. Por isso, tente ser honesto e pensar sobre o que você gosta ou não, sobre como se sente tendo de comer o que detesta. Sobre a sua incapacidade de entender como pode alguém não gostar de batata! Lembrar que gostos diferem, que variam entre as pessoas, sempre ajuda. É até uma questão de solidariedade e respeito aceitar o fato de que há coisas insuportáveis de serem comidas. Se você entende o problema, fica mais fácil buscar itens diversificados que alimentem, que sigam a linha nutricional desejada. O principal é que viver de maneira solidária vai criar um ambiente melhor entre vocês em torno da comida. É preciso deixar a criança livre do que realmente detesta e pode ser substituído, assim as chances de encontrar coisas que ela goste para comer aumentam enormemente. Além do quê, é sempre bom lembrar, até sobre comidas podemos mudar de opinião. Se hoje ele detesta banana, quem sabe amanhã prova na casa do amigo e passa a gostar?

Não esqueça que tem muita comida gostosa (dita besteira) que também alimenta. E como vimos que besteira pode ser um conceito e que gosto não se discute, estamos diante de um problema que pode ser facilmente resolvido. Basta um pouco de flexibilidade, um pouco de tempo gasto em pesquisa de equivalências nutricionais e a presença da sempre fundamental solidariedade. E o mais importante, estarmos firmes na ideia de que a vida ser doce é sempre melhor do que ser amarga. E que legume também pode ser de fato saboroso.

Ele não come nada

Aqui a coisa fica mais séria, e não exatamente pela comida, mas pelas brigas e preocupações que isso significa. Criança de fato anoréxica, que pode morrer por repulsa ao alimento, é difícil de encontrar. Nós nunca vimos. Há alguns anos dava para afirmar que isso seria impossível, mas hoje, sob o império da magreza, muitas crianças já vivem se preocupando com isso, ainda que não estejam exatamente no campo da patologia. Mas talvez estejamos quase lá. O que é comum e normal são fases em que a fome diminui: dentes nascendo, doença, uma tristeza ou muita coisa melhor para fazer do que comer. Acontece com todos, e só se pode esperar que passe, pois passa. E é raro que se prolongue. A cronificação da confusão só se dá quando a família tem, independentemente da criança, um padrão de comida a ser comido que nunca é alcançado pela criança. Onde o desempenho alimentar é sempre tomado como insatisfatório. Aí, qualquer simples almoço de terça-feira vira um campo de batalha, onde o que está em jogo deixa de ser a alimentação e passa a ser a distribuição do poder na família. Como em uma partida de War, os territórios são defendidos com unhas, dentes, gritos e lágrimas. E todos sempre saem perdendo.

Algumas ideias que podem ajudar a não entrar na guerra:

- Atenção! É fundamental a orientação de alguém que entenda do assunto nutrição, como um pediatra ou um nutricionista. Aqui não valem a avó, a tia e a vizinha.
- A sua vitória é que a criança se alimente, e não que se submeta. Ainda que o clima possa estar horrível, que dê uma irritação enorme, lembre-se de que isso não é uma guerra, que as pessoas são diferentes e o que importa aqui é que elas comam. Não precisam se humilhar.
- Busque maneiras mais leves de oferecer o alimento, seja em forma de sorvete, sucos potentes e saborosos ou salgadinhos.

Nada disso, em si, é sinônimo de veneno. Criatividade, por favor! Afinal, um pratão cheio pode dar até medo!

- Se o assunto é profundamente irritante, tente sair fora um pouco. Será que o cônjuge, a faxineira, alguém da família pode dar uma forcinha? A exclusividade na alimentação da criança só se dá no seio materno.
- Ninguém nesse mundo é obrigado a gostar de feijão, nosso orgulho alimentar nacional. Para nós, feijão representa mais a pátria que o hino ou a bandeira. Ele faz bem mesmo, mas lembre-se de que, se fosse insubstituível, todas as crianças europeias seriam desnutridas.
- A última colherada é só um exercício de poder. Será que muda alguma coisa do ponto de vista nutricional mais uma colherzinha de comida? O que com certeza muda é a sensação de vitória e eficiência que o adulto alcança com ela. A criança comer a última, "só mais umazinha", geralmente é tomado pelo adulto muito mais como prova de amor do que de elemento de nutrição.
- Saborear amplamente os alimentos não é uma característica das crianças. Elas são realmente limitadas em sua relação com os sabores mais sutis. Se comem todo dia a mesma coisa e estão bem nutridas, ótimo. Pense como isso facilita a vida. Não precisa ficar inventando assunto. Para você, parece insuportável; para elas, a vida – por enquanto – é assim.
- A pizza é a paixão? Que tal liquidificar o brócolis no molho de tomate? Pode ser que dê para passar. Se quiser diversificar, vai ter que ser criativo.
- Nós adultos do mundo ocidental comemos, em geral, muito mais que o necessário. E não estamos falando de gordos e obesos, mas de uma tendência geral a comer mais do que se precisa. As crianças que não têm embaraços com a alimentação,

pois conseguem se regular fora dos padrões que os adultos impõem, ao contrário dos adultos, tendem a comer só o necessário para estarem alimentadas e bem. O padrão é a autorregulação; *auto*, viu? Cada um tem a sua.

Ele come demais

A idade em que ser bonitinho é ser gordinho só faz baixar. As gordurinhas, que já foram chiques até para adultos, só fazem perder prestígio. Mesmo os deliciosos bebês-bolinhas já estão começando a receber olhares de desaprovação, e suas mães, antes destinadas ao pódio de melhor mãe do ano, já estão virando objeto de observação e desconfiança. Ai, que canseira! Pois é, certo ou errado, saudável ou não, em nosso mundo ser gordo é estar, mais que os outros, exposto a situações desagradáveis. Então, não só pela saúde, mas também pelas vivências sociais, vale a pena pensar no assunto. Depois do jantar, biscoito? Não precisa mesmo.

Na família de gordinhos, a origem dos quilos acumulados podem ser a genética, os hábitos familiares ou, como geralmente acontece, a ação integrada dos dois fatores. Só os genes também não justificam: a pessoa que já sabe ter tendência a engordar e não quer que isso aconteça vai ter mais trabalho, mais restrições, mas é possível domar a natureza. O problema maior fica então no crédito dos hábitos e no jeito de ser de cada família, na tal "personalidade" de cada uma.

Qualquer criança, para crescer e construir uma identidade, busca traços de identificação com seus familiares. Desde o início, ela capta dos que a criam – ainda que inconscientemente – suas formas de viver, de reagir aos outros e às demandas que a vida traz. As famílias tendem a ter padrões de funcionamento, uma espécie de personalidade coletiva ou um tipo de cultura familiar. Tem as mais alegres, as mais melancólicas, as carnavalescas, as natalinas, as beberronas, as corretíssimas, as pilantras, as religiosas, e por aí vai. No trato com as crianças isso fica muito claro. Em algumas, ao menor risinho do bebê alguém logo diz: "Gente, essa criança é alegre como o avô." Em outra família, o mesmo risinho puxaria outro comentário: "Tadinho, tão inocente, ri porque ainda não sabe como a vida é dura!" E vamos pela vida afora, fazendo nossas escolhas, às vezes com consciência: "Vou ser médico como meu avô. Assim posso, como ele, ajudar as pessoas." Outras sem nem nos darmos conta. Quantas vezes a gente se vê repetindo hábitos familiares sem nem saber por quê! A relação com a alimentação também se dá nesse universo. Tem famílias empadão de camarão e tem famílias peixe e legumes. Tem os mais condescendentes com os quilos e os mais severos. As crianças vão se colocando diante desses olhares do jeito que podem, mas sempre os recebendo como marcas e referências, na busca de um pertencimento. Não importa se pretendem ser diferentes daquilo que veem ou se procuram ser exatamente iguais: suas referências são principalmente familiares.

É o caso do gordinho, acusado de ser um rebelde, de fugir dos padrões estéticos e saudáveis do conjunto familiar, que está, na verdade, buscando em seus quilinhos a mais encontrar o que julga ser a única maneira que alguém o veja, de garantir uma identidade. Se fosse magro, ninguém ia notá-lo: seria apenas mais um naquela turma. Gordinho, ele vira O gordo da casa, tem um olhar e um lugar assegurados para sua individualidade.

Seguem aqui também algumas ideias que podem ajudar:

- De novo, busque um profissional que possa dar pelo menos uma orientação inicial.
- Implique seu filho na dieta, não implique com ele pelos quilos a mais. Mas atribua a ele a responsabilidade pelo controle dos excessos. Quanto maior, mais responsável, é claro. Uma criança de três anos ainda não tem autonomia para comprar balas na porta da escola. A dieta estará inteiramente na mão dos pais.
- A família tem que obedecer a você. Se a avó dá pão de queijo escondido, você vai ter que enfrentá-la. Você enfrenta a avó, e ele enfrenta a restrição alimentar. É preciso coragem para os dois.
- Acolha o sofrimento do seu filho, seja por não estar conseguindo se controlar, seja por implicarem com ele. Nada de "Tá vendo? Se encheu de brigadeiro e agora chora porque te chamam de baleia!". Esse tipo de observação só cria raiva e não ajuda em nada.
- Nas compras de casa reduza drasticamente os doces e tudo o que o nutricionista tiver indicado como malévolo. É chato para os outros filhos, mas peça a todos um esforço familiar. O povo unido jamais será vencido. Aí está uma boa lição de solidariedade.
- Mesmo na solidariedade é preciso sustentar as diferenças. Sim, é para reduzir as compras, mas os outros filhos não podem ser privados inteiramente de sorvete, ou seja lá do que gostarem. O que está acima do peso tem que saber que os outros comem, sem afronta, mas sem mentira. Nada de "Hahaha, estou indo comprar sorvete", mas também não vale "Vou à papelaria" quando o destino é a sorveteria. Paciência, um pode uma coisa, outro pode outra. A vida não é equilibrada, e é libertador aprender isso.
- É preciso adequar os itens da nova dieta ao gosto do freguês. Até aí tudo bem, mas quando os pais têm repulsa, nojo ou sentem nervoso pelo que os filhos vão comer, a dieta fica difícil... É

complicado dar para seu filho um alimento que você detesta. Já vimos cenas extremas: por exemplo, a mãe dava mamão para o filhinho tendo ânsia de vômito. Ora, a criança percebe o estado da mãe e reluta em aceitar a fruta. A mãe então se aproveita e vaticina: "Graças a Deus, ele detesta mamão!" Se você detesta e tem que dar, passe esse item para outra pessoa, ou faça a cabeça e se livre de seu nojo. O que não pode é "obrigar" o pequeno a só comer o que você gosta.

> ### Importante! Uma medida que ajuda em qualquer problema alimentar
>
> Deixe um tempo razoável para cada refeição: a correria gera tensão, a tensão gera confusão, a confusão desequilibra a relação com a comida. Não dá para ter dez minutos de almoço entre o futebol, o banho e a escola. Vale também para o pessoal que mama no peito. O ideal é ter como norma refeições sem correria. Mas não se iluda, não vai dar para que todos os dias, em todas as refeições, o mar esteja tão sereno. Paciência!

As refeições em nossa casa

Qualquer manual sobre uma vida familiar saudável fala sobre a importância das refeições em conjunto. Impossível discordar, mas também é impossível defender que esse encontro valha qualquer preço. A cena "todos juntos à mesa" já foi muito fácil quando mamãe não trabalhava, papai não tinha que enfrentar duas horas de engarrafamento para chegar em casa, as crianças não tinham inglês, natação, balé, acrobacia ou futebol. E quando a televisão e os eletrônicos não mandavam na casa. No tempo em que o mau humor do pai era inquestionável e a criança se calava. Aí funcionava sempre; afinal, o que estava em jogo era a ordem, e não o prazer do convívio como hoje. Com o correr do tempo, isso foi mudando, mas se manteve a ideia de que refeição conjunta é sagrada.

Sendo bem realistas, a verdade é que, hoje em dia, pouco restou de sagrado. E não dá mesmo para todos os dias, em todo almoço, jantar e café da manhã, adultos e crianças se sentarem juntos para comer. Mas quem sabe ainda é possível, de vez em quando, aproveitar para formar, em torno da alimentação, um bom espaço de papo e convívio.

Seguem algumas ideias para ajudar a ter esse prazer:

- Desligue a TV. Muito se condena a refeição em frente à TV e há muito se tem esse hábito. Crianças hipnotizadas vão comendo sem nem saber o quê. Adultos cansados, de cabeça cheia, com ar atoleimado, tentam limpar a mente de suas preocupações. Afinal, diante das guerras e das epidemias de ebola na África, um chefe implicante não quer dizer nada. Pelo desinteresse que a TV causa com relação à vida ao redor, desligue. Para fazerem a tal refeição/convívio, tem de desligar.
- Dependendo dos horários da família, selecione uma das refeições do dia ou uma refeição sem pressa durante a semana para ser a em que todos vão estar juntos.
- Só vale reunir todo mundo se você achar boa a ideia, se fizer bem a você e a elas. Se for irritante, se achar o papo das crianças chato, aí não vale. Mas, nesse caso, pense bem: não gosta do papo delas? O que será que você esperava de um filho? Que ele já nascesse adulto ou que ficasse para sempre bebê?

- Claro que, se a opção for reunir diariamente no jantar, por exemplo, não vai dar para todos estarem felizes todos os dias das 19h às 20h. Nesse caso, a constância vai compensar os inevitáveis dias cinzentos. Além do quê, é preciso se preparar para a falta de disponibilidade do pessoal para tanto encontro. Um dia está um, um dia está outro. E... Oba! Hoje estamos todos juntos.
- Se a opção for reunir de vez em quando, capriche no menu ou na diversão. Pode ser liberando o proibido, pode ser todo mundo participando da confecção da comida, do botar a mesa, algo assim. Que seja legal.
- Tente, mas tente mesmo, criar esse espaço. A presença afetuosa de um adulto *sempre* vai fazer bem às crianças. Se o clima em sua casa anda difícil no quesito alimentação, fica mais importante ainda esse encontro em volta da mesa. Encha o peito de ar, inspire profundamente, relaxe e vamos lá para o que der e vier. Uma refeição sem polêmicas é fundamental para ir abrindo espaço para o fim das polêmicas em todas as refeições. Para juntar comer com prazer.

A HORA DE COMER SOZINHO E OS BONS MODOS À MESA

A entrada da colher na vida de uma criança significa a entrada de duas colheres na vida de uma criança. Uma na mão do adulto, outra na da criança, e já nesse momento começa o aprendizado do uso dos talheres. Quando o adulto permite – e como é comum os adultos não liberarem as crianças para terem independência em se alimentar! –, as crianças gostam de aprender a usar a colher por elas mesmas. Sentou na cadeira, comida no prato, o caminho até a boca é rapidamente descoberto. Uma delícia, não? Poder dar conta do ritmo, da quantidade, da combinação dos sabores. O percurso em direção a essa independência e a forma como é conduzido pelos adultos podem ser elementos-chave no desenrolar da relação criança/alimento e na prevenção de muito aborrecimento.

Vamos a algumas sugestões para facilitar a autonomia:

- Prepare-se para a lambança – impossível uma criança aprender a comer sozinha sem fazer alguma sujeira. Por isso não pode comer com roupa de festa, sentado no sofá branco e nem ter muita comida no prato. E nem você pode estar prontinho para sair. Muitas vezes sobra para a gente.
- A lambança não é contra você – a prontidão motora para recolher a comida no prato, equilibrá-la na colher e acertar na boca não se adquire de uma hora para outra. Pode até ser um convite meio sem graça para você brincar com ele. Invente uma opção de brincadeira. Avião, garagem, boca de leão. Mostre interesse pela comida dele.
- Como quase tudo na vida de uma criança é tomado como brincadeira, como fonte possível de prazer e aprendizado, a tendência é também comer brincando. Isso pode significar ficar revirando a comida, rearrumar o prato e até jogar colheradas no chão. Claro que é para falar que não pode (as colheradas no chão), claro que é chato limpar, mas não tome como uma ofensa à sua pessoa. Assim como jogam brinquedos longe só para reencontrá-los, o mesmo fazem com a comida. Reclame, ensine, mas não brigue. Às vezes, a animação é tanta que a comida vem direto na gente. Chato também, mas, novamente, se contenha. Tente estar disponível para perceber se foi brincadeira ou malcriação. Seja lá o

que for, ensine que não pode. A diferença está no tom de voz que vamos usar em um caso ou outro.
- Lembre-se de que tem de ter tempo para a refeição – os minutos gastos na alimentação são geralmente muito mais longos do que gostaríamos.
- Ajude a criança – no caso de pressa ou de não estar conseguindo sozinho. Faça revezamento: uma colherada você dá, a outra é com o pequeno. Pode até virar brincadeira.
- O dengo não é proibido. Aos oito anos já fica esquisito, mas, antes disso, em um dia em que ele esteja meio doentinho, ou molinho, não custa dar um pouquinho na boca, né?
- Não exija da criança uma prontidão que ainda não tem: ser cobrado pelo que não se pode atingir cria sempre a sensação (enganada) de menos-valia.

O tempo foi passando, as lambanças melhorando. O que sobrou agora foram alguns grãos de arroz que teimam em pular do prato. E até lá pelos oito anos eles insistem em escapulir. Por isso, comer em cima do tapete persa da vovó vai ser sempre um risco que não vale a pena correr. O copo de suco virado é outro inimigo clássico do tal tapete.

Chegamos então à hora de se estabelecerem os chamados bons modos à mesa. Se desde sempre vamos dando pequenos toques nesse sentido, aos quatro já está muito claro que "não se fala de boca cheia", aos seis já sabe que tem de sentar direito, aos sete já usa a faca para fazer companhia ao garfo, aos nove corta a carne (ainda meio esquisito, mas corta). Com dez anos, já pode ser convidado para jantar com a rainha da Inglaterra. Só não vai porque, em torno da mesa real, as conversas devem ser muito desinteressantes para sua idade.

Essas regras podem parecer tolice, porém, na verdade, são utilíssimas. Colocar os talheres em posição de "acabei", por exemplo, é uma mensagem para os outros. Enfim, as regras servem para tornar o ambiente em volta da mesa mais agradável para todos, ajudando no convívio entre as pessoas. Ver a comida rolando dentro da boca é mesmo nojentinho; uma pessoa debruçada sobre o prato, com o pé na mesa, comendo em pé, cria estresse ao redor e aumenta em muito as chances do esbarrão no copo cheio, e por aí vai.

Talher de peixe anda muito sumido, mas saber de sua existência e como usá-lo não faz mal a ninguém. Quem sabe um dia seu filho vai ser mesmo convidado a jantar com a rainha?

6

BRIGAS E CASTIGOS: ASSUNTOS DIFÍCEIS

O assunto deste capítulo é difícil e pesado. Brigas são sempre maus momentos. Brigas com filhos, então, nem se fale! É sempre ruim, a gente sai desgastado, decepcionados com nós mesmos e com a vida.

Vamos então pensar aqui algumas coisas que podem ajudar a diminuir essa sensação e, principalmente, ajudar a diminuir as próprias brigas. Para início de conversa, devemos ter consciência de que a construção da relação pais e filhos é um processo reconfortantemente contínuo, que começa muito antes de o bebê nascer. Quando brigamos, há como que uma quebra, uma descontinuidade nesse processo, e, com isso, vem o medo – muitas vezes imperceptível no meio da batalha – de que algo ali possa se romper e tomar um destino inesperado.

A frequência, a intensidade e a extensão das brigas vão depender da confiança que, como pais, depositamos na relação, bem como da maneira que sustentamos sua continuidade. Em outras palavras, quanto mais à vontade estivermos em nossa função e firmes na ideia de que seremos para sempre os pais daqueles filhos, mais vamos conseguir ser flexíveis e nos envolver menos em conflitos. Não importa se somos do jeito que sabemos que somos: nosso papel será para sempre importante, e nossos filhos, pelo bem ou pelo mal, só poderiam mesmo ser *nossos* filhos.

Precisamos então tirar da cabeça a ideia de que é possível criar filhos de forma saudável sem discordâncias, discussões, aborrecimentos, confusões e irritação. Essa constatação, porém, não pode implicar violência, falta de respeito crônica, embates físicos ou grandes afastamentos em nossas vidas. Mas pode e deve nos levar a considerar, como partes constituintes da relação pais e filhos, aspectos como a construção da independência e da autoestima, o encontro de gerações e também certa evolução do mundo. Nesse processo se dá a criação de um ser humano único e peculiar, que busca seu lugar e um sentido no coletivo da vida. Se, logo de início, entendermos que educação e construção da independência caminham juntas, as divergências já ficam mais fáceis de aguentar.

Brigas

Quando tudo está correndo bem, os conflitos giram em torno de assuntos compatíveis com as idades dos filhos. Variam, por exemplo, desde a determinação da criança em escovar os dentes sozinha, aos dois anos – "Nem pensar! Você só quer comer a pasta de dentes!" –, até a necessidade imperiosa de, aos dez, passar horas às voltas com eletrônicos – "Nem pensar! Você tem que dormir!"

A intensidade da discussão também deverá ser compatível com a faixa etária, mas essa compatibilidade só é atingida quando há disposição e habilidade dos pais em lidar com a construção da independência e as especificidades de cada ser humano. Em suma: diferentes embates, diferentes ações, diferentes intensidades.

Mas como saber o que é compatível e o que fazer para medir essa intensidade? São frequentes os momentos de dúvida, quando não sabemos se a hora é de pegar ou de largar, e as brigas, por mais que queiramos evitá-las, acabam acontecendo. Naquele momento nos parecem mesmo inevitáveis – e muitas vezes talvez sejam. Nossa proposta é aproveitar que não estamos no calor de um desses momentos para pensar sobre as causas das confusões e ver se dá para escapar delas mais vezes. Ou, ainda, se podemos encontrar pensamentos reconfortantes ou uma ação conciliadora depois que não teve jeito, que rolou a maior brigalhada.

Brigando porque a gente acha que assim educa

Nesse caso, em que brigamos para educar, a primeira coisa a fazer é pensar – em um momento tranquilo, é claro – qual é a nossa opinião sobre o assunto educação de filhos. Se você estiver criando o pessoal em parceria com o pai, a mãe ou um companheiro/a, o ideal é que esses pensamentos se transformem em conversas. O que você considera um método educativo? Que métodos são efetivos? E, principalmente: efetivos para quê? Afinal, quais são seus objetivos ao educar os filhos? O que você espera que suas atitudes provoquem neles?

Todos sabemos que, ao longo da história, a maneira de educar crianças vem mudando sem parar. Até bem perto de nosso tempo, se colocavam os desobedientes ajoelhados no milho e o uso da palmatória era comum. Nas famílias, cinto, chinelo e escova de cabelos eram objetos com dupla utilidade: além da função original, serviam para a educação das crianças. Tinha criança tão bem treinada que, quando via o pai em fúria, já ia pegar o objeto eleito sem precisar nem ser mandado. Alguns desses acessórios eram tão incorporados às famílias que ganhavam até um nome, uma espécie de apelido.

Mas, desde sempre, o processo de educar é o processo de civilizar, de inserir na cultura. Com a educação, procuramos imprimir certo refinamento a nossos "instintos naturais", buscando construir formas de comunicação não violentas. E quanto mais nos afastamos de nosso lado animal, mais a violência deixa de ser um recurso plausível. Se esses recursos faziam sentido – e até mesmo efeito, em um mundo onde negro e mulher não votavam, onde a pena de morte era comum, onde a escravidão era legal, ou semilegal, onde não havia antibiótico e muita varíola e paralisia infantil –, hoje eles são inadmissíveis.

Educar não está necessariamente ligado a brigar. Educar é estar ao lado, acompanhar. Brigar é estar em campos opostos. É uma consequência e não um método: é o resultado do desencontro natural que existe entre as pessoas, entre os desejos e demandas, entre as formas de ver a vida. Conviver em família, criar filhos, é um exercício de equilíbrio entre o que sabemos ser inevitável – as brigas – e o esforço cotidiano para evitá-las. Faz lembrar o documentário *O equilibrista*, um filme emocionante sobre um francês que, em 1974, atravessa de uma das Torres Gêmeas para a outra, andando em um cabo de aço. Superdifícil, quase impossível. Um frio na barriga... Um espaço quase intransponível, mas que, com habilidade e paciência, ele consegue ultrapassar. A comparação pode parecer forte, mas o alívio que sentimos ao evitar uma briga que podia ser feia é também enorme. É o mesmo prazer de colocar o pé no chão depois de atravessar um precipício.

No processo de desenvolvimento do bem viver dos filhos, do cuidado que eles devem aprender a ter consigo mesmos, há situações em que praticamente todos se solidarizam com os pais pela bronca dada. Isso ocorre principalmente nos momentos em que a integridade está em risco. No geral, são as broncas que acontecem depois de algum grande susto – o pequeno corre e atravessa a rua sem olhar, sobe em lugares perigosos, enfia o dedo numa tomada – ou ainda em reação a comportamentos agressivos, como varejar em fúria objetos no ar, responder com grosseria a quem está falando com educação, chutar as pessoas, e por aí vai. Quanto aos mais velhos, a maior parte das broncas vem de acharmos que lhes falta sensatez: bebem e dirigem, somem, trocam a noite pelo dia com frequência ou não cumprem os acordos feitos conosco.

A verdade, no entanto, é que mesmo havendo adultos solidários com essas broncas, mesmo quando temos motivos fortes para aplicá-las, o que mais educa – ou deseduca – é o nosso jeito de ser. A forma como os adultos se comportam influencia diretamente o comportamento das crianças. A influência pode ser por repetição do comportamento dos pais – se falam palavrão, a tendência é que o filho também fale – ou por oposição a esse comportamento. Muitas vezes os extremos se tocam: pais violentos geram filhos submissos; pais submissos geram filhos violentos. O fato é que é praticamente impossível viver em família sem nunca perder a paciência. Uma pena! Quem sabe, um dia, a gente possa ser diferente. Também é praticamente impossível criar filhos sem dar uma bronca de vez em quando. Uma chatice, dá uma canseira enorme, mas, enfim, o que podemos fazer? Como já falamos, ter claro qual é o método educativo adotado já torna esta estrada menos sinuosa. Outra boa ideia é pensar séria e calmamente sobre o que a gente espera de fato dos filhos, sobre o porquê de dar certas ordens, sobre a capacidade que eles têm de acatá-las e a nossa de sustentá-las. Então, como quando um não quer dois não brigam, seguem dicas para você ser AQUELE que não quer:

- Estar a par do que as crianças dão conta em cada fase de seu desenvolvimento pode nos deixar mais tranquilos – o que já é um grande passo para evitar brigas e escapar de cometer injustiças. Um exemplo: não se deve forçar o controle dos esfíncteres, principalmente antes dos dois anos. Insistir num desfralde precoce, antes mesmo da fala, pode resultar em brigas diárias e, muito pior, em dificuldades que se arrastarão para o resto da vida da criança. Mas não se assuste: isso não significa que será preciso fazer curso para ser pai ou mãe! A sua experiência de vida é fundamental. Buscar em suas lembranças a criança que você foi, o que achava de seus pais na infância, é um recurso que pode ajudar muito. Assim como uma boa leitura sobre o assunto também vale a pena. E, se estiver se sentindo muito no ar, troque experiências com outros pais ou converse com um profissional.

- Quanto mais firme, consciente e à vontade você estiver em seu lugar de adulto da casa, mais fácil será evitar o caminho da briga. Sua palavra terá mais autoridade, seus filhos terão mais respeito por você. Se você se respeita, eles também vão respeitá-lo. Claro que algumas vezes vão tentar mudar essa ordem, e cabe a você não arredar pé. Tenha sempre em mente que eles são criados *por você*. Outra coisa importante: não caia na tolice de achar que o último a falar tem de ser você. Deixe-os resmungar. Apenas saia de perto e não escute demais. Também não fique argumentando: o excesso de palavras geralmente desmonta a firmeza das ações.

- Entenda que eles pensam coisas horríveis sobre você quando estão sendo obrigados a ir ao dentista, a sair da brincadeira ou a largar o computador, mesmo depois de dez horas de uso. Paciência. E sem paranoia. Nada de perguntar, querer ler pensamentos. Sentir raiva é normal, é inerente ao ser humano. O que pode ser nefasto, não só para o objeto da raiva, como também para o autor, são as ações guiadas por ela. A raiva é apenas um sentimento; as ações é que podem ser violentas, causando, consequentemente, danos, culpa e arrependimento. Por isso, é melhor barrá-las, evitando que pensamento vire ação. Antes de tomar uma atitude, dê um tempo para que a poeira baixe dentro de você. E lembre-se de que a raiva deles não está relacionada a acharem você legal ou não. Ela vem só porque você é pai ou mãe no exercício de suas funções. E não é isso mesmo que você é?
- Em determinadas situações – quando há risco para a criança, por exemplo –, não busque concordância, aceite que as divergências existem, deixe de lado o convencimento e sustente sua posição.
- Saber a hora de pedir desculpas também faz parte do seu papel de educador, de ser humano envolvido em uma relação, até porque esse é um processo de mão dupla: o filho está se desenvolvendo, mas os pais também devem estar sempre em construção, em mutação. Por isso, não há atitude que sirva para todas as ocasiões – não há lei inflexível.
- Concentre-se. Educar é um processo. Não parta do princípio de que basta falar uma vez, já que na maior parte das vezes não basta. E não ache que seu filho é um horror por isso. A repetição das mesmas coisas, a necessidade de estar ali falando, chamando e insistindo – vai para o banho, escova direito os dentes, já é

hora de dormir – cria a confiança da presença. E é essa presença afetuosa e interessada que vai levá-los a obedecer ao que é de fato importante. Pode ser muito chato, mas, se você não se iludir, achando que é possível educar com apenas uma ordem – e quando não for assim, não se sentir o pai mais desobedecido do mundo –, tudo vai ficar muito mais leve.

UMA CLÁSSICA HISTÓRIA DE ABORRECIMENTO E UMA SAÍDA POSSÍVEL

Você combina de pegar seu filho em uma festa às oito da noite e chega na hora marcada. Ele está adorando o lugar, mas, quando vê você, faz, na frente de todos, uma cara terrível de desprezo e fala de um jeito horroroso: "Ah! Mas eu não vou embora mesmo!" O que você faz? Opção um: dá uma bronca na frente de todos e arrasta a criança. Opção dois: olha feio, mas cede um pouquinho de tempo, sem ficar rendido. Quando saem da festa fala seriíssimo (zangado mesmo) com ele e diz que não gostou nada do jeito como foi tratado, e que isso não se repita. Silêncio na volta para casa. Cabendo também aqui um pequeno gelo. Fácil encontrar a resposta certa, não?

Brigando porque julgamos que eles estão fazendo mal ao que é nosso: ele próprio, nosso filho

Há momentos terríveis em que, à beira do desespero, brigamos enfurecidos pelos horrores que poderiam ter acontecido. Mas não aconteceram. Nesses momentos, é bom se fazer uma pergunta tão desagradável quanto difícil de responder: essa extrema preocupação era com o filho ou refletia o pavor do que iríamos sofrer se aquilo acontecesse? Na verdade, fica tudo muito misturado, muito confuso. Não admitimos que aquela pessoinha ponha em risco e possa estragar o que nos é tão caro na vida: nosso filho! Por isso, mesmo no meio do medo, da dor e da premência em cuidar do filho, a tendência de muitos é partir para a briga. A criança cai, quebra o braço e começa a gritaria, mesmo com o pobre guri morrendo de dor – "Mas por que andar nesse maldito skate para cima e para baixo? Já falei mais de mil vezes!"

A gente pode até entender essa reação – nada incomum –, pois, a favor dos pais, há o argumento de que sua ira pode ser vista como sinal de amor e preocupação. Mas atenção! A forma violenta nunca é a melhor para se mostrar amor. Agir assim desencadeia facilmente discussões e constrói uma montoeira de mágoas, às vezes indissolúveis. No extremo, nos coloca em lugares muito perigosos, que suscitam argumentos de que certamente vamos nos arrepender logo em seguida. E o estrago já estará feito.

Para viver no campo partilhado dos afetos, é preciso jogo de cintura, criatividade e arte. Só nós sabemos o tanto de trabalho que dá procurar fazer o filho dar certo, o tanto de investimento afetivo que nele depositamos! Às vezes nos confundimos, hipervalorizando NOSSO filho e desvalorizando a totalidade da pessoa que ele é. Por isso:

- Pense nele antes de pensar em você; afinal, é ele quem está na situação mais difícil.
- Controle-se e controle seu tom de voz: a violência, muitas vezes, não está nos atos nem nas palavras, e sim no tom que damos à nossa fala. Tom e momento de falar são decisivos no rumo de uma situação. Veja este exemplo: uma criança de quatro anos, aproveitando um momento de distração dos pais, pega uma faca afiada na cozinha, se sentindo apta a descascar batatas.

Quando os pais se deparam com essa cena é normal ficarem assustados. Mas chegar gritando não é exatamente o que pode provocar um acidente? Procure, em primeiro lugar, acabar com o risco da situação, tirando a faca da cena, e, depois, converse, alertando para os perigos que aquela atitude implica.

- Não tome a parte pelo todo: ele pode ter sido imprudente, ter se exposto demasiadamente e coisa e tal, mas lembre-se de que, com certeza, ele não é só uma criatura imprudente. Tem muita coisa boa no SEU filho, que é, diga-se de passagem, também aquela criança levada. Então, não use ofensas generalizantes como "você é um idiota, um marginal, um burro", e por aí vai. Ao falar com ele, critique a situação ou a ação realizada, não ele. A propósito, as marcas que esse tipo de fala imprime nas crianças tendem a ser indeléveis.
- Depois, em outro momento, quando tudo estiver sossegado, converse sobre o que houve. É preciso que ele saiba e sinta como a situação foi ruim para você também.

Brigando pela honra... Ou será pela conhecida falta de respeito?

Há um tipo de briga que, em tese, é um dos mais evitáveis, mas, na prática, é um dos mais frequentes: as brigas em que entramos porque nos sentimos desrespeitados. Claro que tem coisas que não podemos mesmo deixar passar. Fica, então, a pergunta: o que fazer?

É difícil falar sobre esse assunto porque as reações variam muito de pessoa para pessoa, pois o que cada um vivencia como falta de respeito é algo muito particular. Tem gente que não aguenta ser chamado de idiota e tem gente que aguenta ser chamado de coisas muito piores. Tem mãe que chega a chorar porque seu filhinho de dois anos lhe deu um tapa, se sentindo inteiramente desrespeitada e mal-amada; outras acham até engraçada a pretensão do pequeno. Tem quem não tolere que o filho se levante da mesa de jantar, enquanto há os que nunca se sentam para jantar com os filhos.

Nas famílias e na sociedade, a ideia de respeito entre crianças e adultos vem mudando muito, e essas mudanças não são vivenciadas por todos da mesma forma e ao mesmo tempo. Veja esta história, exemplar, que aconteceu em uma escola no interior do estado do Rio de Janeiro.

A pedido da professora de português, uma menina de oito anos, juntando palavras soltas para construir uma frase, escreve: "Os pais devem respeitar seus filhos." A professora marca a frase como errada e corrige: "Os filhos devem respeitar seus pais." Arraigada numa visão ultrapassada de respeito, a professora erra duas vezes: porque, em termos de língua portuguesa, a frase da menina está muito bem construída; e, de acordo com os valores da família contemporânea, a menina está coberta de razão.

Mas o que é respeitar? É respeitar a honra, a autoridade, os afetos?

Somos mãe e filha, com muitos pontos em comum na maneira de ver o mundo, mas, quando o assunto é respeito, nosso olhar se distancia. Afinal, o que é falta de respeito para um pode não ser para o outro. A noção de respeito depende muito do que o outro, a quem esse deve ser dirigido, sente, de forma que os sentimentos podem servir de termômetro para muitas situações.

Vejam a seguir dois pontos de vista, de duas gerações diferentes, sobre respeito.

Uma pequena cena dominical e as reflexões de uma avó

Estávamos em minha casa, era domingo, chovia, todo mundo com preguiça. Julia tinha de levar as crianças a uma festinha; estava indo em nome da amizade, porque a vontade era nenhuma. Além do quê, tinha de ir só, pois o pai dos meninos estava viajando. Diana, outra filha minha, participava da mesma cena preguiçosa. Cecilia, um tipo encantador de quase cinco anos, exímia jogadora de Uno, atividade que tinha nos ocupado alegremente por boa parte da manhã, se recusava a deixar pentear seus longos e descabeladíssimos cabelos. Começa a batalha e uma série de malcriações dirigidas à mãe. Julia se zanga e sai de perto. Eu me meto, já com a escova na mão: "Poxa, Cil, nem um rabo de cavalo?" Afinal, penso eu, estávamos nos divertindo tanto até ali. Ela me lança um olhar teatralmente zangado e responde em um tom de voz acima do que estava sendo usado por todos. Levo certo susto, ela nunca tinha falado comigo daquela forma, e digo muito séria: "Você não fala assim comigo, sou sua avó, sou uma senhora, não pode falar assim." Ela também leva o tal certo susto, afinal eu também nunca tinha falado com ela daquela forma. Enquanto falava me ocorreu que ela não poderia falar assim com ninguém, mas antes que eu pudesse decidir se complementava ou não minha fala, Julia e Diana, em coro, falam: "Não pode falar assim com ninguém!" Uma cena comum, banal e que – ai que bom! – teve final feliz, com as três gerações satisfeitas. Cecilia foi para a festa escovada, lindos cabelos ao vento, mas sem nenhum penteado, nenhum enfeitinho. Ok! Dessa historinha, bem comum, podemos tirar alguns aspectos para uma reflexão.

    O respeito que os pais têm hoje em dia pela opinião das crianças é um eterno tema de conversa entre nós duas, mãe e filha. Essa pequena cena fala de nossas diferenças nesse assunto que, muito além de pessoais, me parecem vindas de sermos de diferentes gerações. Quando vou falar com a Cil, puxo imediatamente de minha cartola, sem pensar duas vezes, minha posição de avó, de senhora, lugares que, para mim, merecem respeito especial, diferenciado. E isso não vem de agora, não estou simplesmente advogando em causa própria, hoje que ocupo esse lugar. Desde sempre tive essa opinião. É bem verdade que, quando comecei a pensar sobre o que estava falando com ela, me surgiu no pensamento aquele "não pode falar assim com ninguém", interceptado pela pronta ação das duas filhas. Resumindo, o que vem primeiro, de minha alma, sem pensar, distingue categorias de respeito. Foi preciso ter um tempinho de pensamento para também democratizar minha posição. Quanto às minhas duas filhas, típicas representantes da geração dos anos 80, o que lhes pula da alma é uma desierarquização das relações. E, aqui entre nós, com uma atitude também decorrente de nossa diferença geracional – a necessidade imediata de querer marcar posição. Unidas!

Claro que concordo que, em princípio, todos merecem respeito. Mas também acredito que o respeito se faz em função das relações. A expressão de respeito a um amigo ou a uma avó não é a mesma, e as formas como um determinado amigo ou uma avó específica – no caso eu – vivem as expressões de respeito e desrespeito também diferem. Até segunda ordem, portanto, subir o tom de voz com uma avó que está sendo, no máximo, um pouco chatinha, não dá para tolerar. Além do quê, o respeito que devemos às crianças vem de sua condição de seres humanos, do afeto que temos por elas, e não de sua condição de autoridade, lugar que só pode ser ocupado por adultos e que, por si só, já merece respeito. O que me preocupa, hoje em dia, é a dificuldade que os pais têm em ocupá-lo.

Uma rápida cena de elevador e as reflexões de uma mãe

Quando pensamos no respeito que devemos aos mais velhos, evocamos uma construção moral. É moral porque não é natural, é construída por convenção para normatizar e permitir a organização social. Nesta perspectiva, a moral também abrange, por exemplo, dizer que determinados comportamentos são inaceitáveis em público ou determinar como devemos nos vestir para estar em diferentes espaços. Quando, no dia a dia das relações humanas, esquecemos que a moral é construída culturalmente corremos o risco de dar status de verdade a algumas visões de mundo e essas passam a ser naturalizadas. Essa naturalização pode levar a preconceitos em relação ao que nos é estranho e diferente, o que foge daquela norma. A moral de uma sociedade é transmitida, está nas mãos dos adultos, e esses a transmitem às crianças.

Por sua vez, a ideia do igualitarismo, da horizontalização das relações, evocada quando falamos que "todos devem ser respeitados", remete à compreensão do respeito como uma construção ética. Sobre isso, vejamos duas histórias.

Uma delas é uma cena que assisti em um elevador. Estávamos eu, uma mãe e sua filha. Um senhor (muito respeitável, na lógica do respeito aos mais velhos) entra em seguida. Ele fala com a menina com uma voz infantilizada, não lembro o quê, e pega em seu cabelo, ela tenta se esquivar, ele repete. Ela, então, lhe diz: "Para com isso, velhinho!" A menina foi, sem dúvida, bastante grosseira, e, realmente, não vejo justificativa para falar assim com as pessoas. Mas acredito também que houve uma falta de respeito mútua. Segundo a perspectiva moralista de respeito e uma visão do infantil que talvez ainda seja a que impera entre muitos de nós, uma criança pode ser severamente punida por ter transgredido um código moral da nossa sociedade, "respeitar os mais velhos". Mas seria natural na cultura brasileira ela ter o cabelo tocado, as bochechas apertadas por alguém que não tem intimidade, sem reclamar. A partir desta pequena cena, vendo a criança como sujeito de direitos, podemos pensar que houve uma invasão de sua privacidade. Imagina se o mesmo senhor entrasse no elevador e, em vez de mexer no cabelo dela, tivesse vindo mexer no meu, eu deveria aceitar sorrindo?

A outra história que quero contar está em um livro de uma psicanalista. Um trem estava parado na estação e havia um guarda na porta; a seu lado, uma placa com os dizeres "Proibida a entrada de cães." Um homem com uma ovelha se encaminha calmamente para entrar no vagão e é impedido pelo guarda. O homem argumenta: não estava infringindo a regra. O guarda impede a entrada. Em seguida, um homem cego se dirige ao trem acompanhado de seu cão-guia. Ele, obviamente, não vê a placa e o guarda o encaminha para dentro do veículo. Conto esta história pois representa de maneira simples quando um princípio ético rege relações sociais. Este princípio inclui, na aplicação de normas ou regras, algo da experiência que só acontece na vivência, na relação. Existe algo preestabelecido como aceitável dentro de uma moral, de uma lógica, do que é tolerável socialmente. Mas quando se trata de humanos, dificilmente tudo estará a priori perfeita e completamente estabelecido.

Enfim, em relação à criança, a dimensão ética do respeito exige incluí-la como sujeito ativo na construção das relações. Acredito que nesta distinção entre o respeito a partir de um princípio moral e o respeito fundado num princípio ético reside uma grande diferença entre nossas gerações. Não que a minha deixe de ser moralista ou que as anteriores não fossem éticas, mas há algo que se estereotipa a partir do que foi determinado como intolerável em algum ponto da história – tratar crianças como objetos – e que hoje, muitas vezes, nos leva a sermos reféns de seus caprichos ou a expô-las a decisões que não lhes cabe absolutamente.

A razão circula, portanto, de um lado para outro com o certo e o errado se fazendo a cada geração. E o mundo não para de mudar... Durante séculos o tempo da infância foi curto. Logo, quem era rei usava coroa, quem era camponês pegava na enxada. Hoje, ao contrário, a graça parece estar na eterna infância, é quase chique entre os adultos cultivar "meu lado criança". E, como um mundo dominado pelas crianças pode ser um lugar muito perigoso, aqui vão alguns pontos para a gente refletir. Servem para nos ajudar a ficarmos mais garantidos em nossa função de pai e mãe:

1. Tire a função pai e mãe do altar que quando crianças colocamos.

Abandonar o lugar da criança que um dia legitimamente ocupamos é uma árdua tarefa. Quando a gente é pequeno e a vida depende fundamentalmente de papai e mamãe, eles moram em nossa alma em algum lugar vizinho ao Olimpo. A adolescência vai tratar, às vezes dramaticamente, de tirar o pessoal de lá. Primeiro vão parar em um conjugado apertadíssimo e, depois, em algum lugar que lhes seja próprio e adequado, com o tamanho que pais e filhos puderam construir juntos. Porém, quando somos nós a virar pais, no contato com nossos filhos, há um forte puxão em direção à velha posição infantil que juntava pais com deuses. E aí a derrota é fatal! Comparados aos deuses, quem somos nós? Que respeito merecemos? Aproveite os momentos em que estiver se sentindo o máximo (e é!) por ter feito esses filhinhos, produzido gente e vida, e usufrua do Olimpo. Nos outros, na hora da mágoa, lembre-se de que você agora é adulto e que papai e mamãe sempre foram gente, o que já é suficiente para merecerem respeito.

2. Lembre-se de que o afeto tem dois lados.

Houve um tempo em que apareceram diversas pichações nos muros da cidade do Rio de Janeiro que diziam "Quem ama não mata". É verdade. Mas, às vezes, mesmo quem ama pensa coisas horrorosas sobre o objeto de amor. A intensidade dos sentimentos entre pais e filhos tem também seu aspecto agressivo. E sabemos disso, pois com certeza já vivemos esse turbilhão. A sensação não é boa, mas é preciso reconhecê-la. Facilita sabermos que somos contraditórios por natureza, que amor e ódio são vizinhos de porta. Pode ser que você também, naquela mesma hora, esteja com raiva de seu filho querido. Ok, até aí tudo bem. O que não pode é deixar que esse sentimento se transforme em ações humilhantes para o outro, seja pai, seja filho. Ser desrespeitado é ser destituído do lugar de adulto que lhe cabe, o que pode ser o resultado de uma ação sua ou de seu filho. Ora, a primeira vez muitas vezes é inevitável. Mas não vacile e faça tudo para evitar a repetição. Fale sério, seja duro, mas não humilhe nem se deixe humilhar, deixando vazio seu lugar de pai ou mãe.

3. Deixe as coisas claras.

Tem gente que se enrola demais para expressar o que deseja ou está sempre esperando que os outros adivinhem o que está querendo. Ainda que as crianças, especialmente as pequenas, tenham uma sintonia finíssima com nossos sentimentos, e que as mais velhas já tenham aprendido como funcionamos – e sabem muito bem onde nos doem os calos –, cabe a nós falar, falar, falar, explicar o que desejamos que seja feito, como gostaríamos que a vida se passasse em nossa casa, em nossa família. A clareza vai ajudar, mas saiba que só em momentos especiais tudo será exatamente como você sonha. Afinal, o resto da família também tem os seus desejos.

4. Não se confunda inteiramente com a função.

Pode parecer paradoxal – afinal estamos falando de uma relação íntima –, mas não tome todas as reações das crianças como ataques pessoais. Ou seja, na hora da malcriação, é preciso tentar manter uma pequena distância entre você, sua pessoa e a função que está encarnando, de pai ou de mãe. Esses personagens são os representantes do passado, do que tem que ser mudado, os vigilantes da lei que precisa ser questionada, transgredida. São as forças contra, a partir das quais cada um vai se constituir como um ser único dentro de um mundo partilhado. Segure o tranco, não aceite ser maltratado e não permita que a pessoa legal que você também é seja destruída nesses momentos.

Brigando porque a gente queria estar longe dali

Quantas brigas acontecem porque, na verdade, a gente não queria estar ali, cuidando, tendo de brincar, enquanto no mundo estão acontecendo tantas coisas atraentes! Se nos encaixamos nesse cenário – reconhecer isso já requer boa dose de coragem e de honestidade –, a primeira coisa a pensar é que ficar louco para sair de perto das crianças e ainda por cima ficar zangado com elas porque temos que ficar ali é algo que realmente não dá. É, no mínimo, injusto com elas. E, quanto a nós, que mal-estar, que culpa!

Ora, esse quadro não tem nada a ver com "o que os outros vão falar": eles não vão nem saber! Tem a ver com nossos sonhos dourados de sermos os melhores pais do mundo. Se não do mundo, pelo menos melhores do que nossos pais. E ali estamos nós, loucos para ir à praia com os amigos, ao show de rock, para namorar tranquilamente, dormir até tarde, ver os e-mails em paz...! Nessa hora, basta uma delas resistir um segundo a, por exemplo, tomar o antibiótico ou começar uma discussão tola pelo canal da TV que, vapt-vupt, começa a confusão. E a culpa é deles? Seria fácil dizer que é, mas... mão na consciência! Num segundo já dá para ver que é a gente que não está dando conta do recado.

Por tudo isso, é preciso que fiquemos muito atentos ao nosso estado de espírito. Há percepções sobre nós mesmos bem difíceis de ter: muito do que somos frequentemente nos escapa. Quantas vezes pula da boca o que não era para pular, falamos o contrário do que planejamos, sonhamos com as coisas mais surpreendentes, perdemos a hora da entrevista de emprego que, em tese, a gente queria muito etc. e tal... Coisas do inconsciente! No entanto, a sensação de mau humor, ainda que sem causa imediatamente revelada, é facilmente perceptível. Assim como a vontade de estar fazendo outra coisa, de estar em outro lugar, também é: basta uma rápida olhada para dentro de nós. Nessa hora, acenda a luz vermelha, pois a chance de dar briga é enorme.

O que não podemos é cometer a injustiça de brigar com alguém cujo único pecado foi estar sob nossos cuidados. Como, lamentavelmente, não conseguimos ser sempre o que temos de melhor, aqui vão algumas ideias rápidas para prevenir não só as brigas com as crianças, mas também o mal-estar que nos assola nessa hora.

- Tente achar alguém que ajude, chame amigos, invente um programa que agrade a pais e filhos. Se nada disso for possível – como nos casos de prova no dia seguinte, alguém com febre, chuva torrencial e tantos outros –, pare e respire. Tranque-se no banheiro por um tempinho, pense em alguma mudança na casa: quem sabe colocar o sofá ali e a mesa do outro lado? Eles podem até ajudar!
- Filme na TV pode ser um santo remédio. Confie que o tempo passa, outros domingos virão, outros grandes programas aparecerão. Garantimos que um dia você voltará a poder escolher o que quer fazer.
- Não lute contra o inexorável. Entregue-se, o prêmio virá com os anos: quanto menos injustiça, mais chance de liberdade no futuro.
- Procure momentos de prazer quando eles não estão. Os momentos variam de pessoa para pessoa: uns gostam de sair para dançar, outros de ir ao cinema, ler um livro, andar por aí, correr... Esses pequenos grandes prazeres vão recarregar suas baterias para que esteja novamente bem com eles.

Castigos

"É de pequenino que se torce o pepino", diz o povo. Até que um dia acrescentou-se ao ditado uma pergunta: mas afinal, por que o pepino tem que ser torto? Essa pergunta simples e brilhante desmonta toda uma perspectiva educacional cujo objetivo era a aceitação, sem questionamento, da ordem vigente. Hoje a ordem é inversa: educar é facilitar o pensamento, a reflexão, a análise crítica; criatividade é a palavra mágica. Ainda assim, para que o mundo funcione, é preciso que certas leis sejam seguidas e que nos submetamos a exigências sociais e normas de convívio que fazem a vida melhor. Mas como fazer o pessoalzinho seguir nesse trilho? Intimidar, provocar medo, se impor pela fácil, frágil e pobre circunstância de que adultos têm o corpo maior que as crianças... é inteiramente fora de questão. Afinal, a gente merece respeito!

Se fôssemos os habitantes do melhor dos mundos, bastaria falar, no máximo ter uma conversinha *light*, que rapidinho todos estudariam, desligariam o videogame, iriam tomar banho, não bateriam nos amiguinhos, nunca fariam malcriação, não espalhariam tudo pelo chão e iriam dormir lindas noites de sono – e no próprio quarto, lógico!

Não somos essas pessoas, lamentamos, mas não devemos desistir, não é? Por isso, muitas vezes, medidas enérgicas terão de ser tomadas.

Mesmo o pessoal da rede Não bata, eduque, um movimento que, como diz o nome, trabalha com afinco para evitar a violência física entre adultos e crianças, admite o uso de sanções. Nunca físicas, nunca violentas, mas que ajudem as crianças a perceber, de acordo com as possibilidades de cada faixa etária, que a maneira como agiram naquele momento não foi uma boa opção.

Não dá para sair como loucos, entregues à nossa fúria, e achar que dessa forma vamos legislar direito. Certo, pode ser que na hora do fogo, nesses momentos (geralmente) absurdos ou (comumente) inócuos, você não se contenha e escape de sua boca um castigo. Mas deixe sempre margem para uma reformulação posterior. Ou avise que vem castigo e só determine depois de pensar e se acalmar. O que é péssimo são promessas que não se cumprem. As crianças deixam de ouvir e, pior ainda, deixam mesmo de respeitar as ordens.

Os filhos têm de saber o que os pais esperam deles; cabe a você colocar em palavras o que quer. Não deixe nada no implícito, explicite: nessas prateleiras não pode mexer, quando chega da escola é hora do banho, quero ver o calendário de provas, não pode falar palavrão, trate o porteiro com educação, não pode bater nos amigos. Uma vez avisados, as negociações se iniciam e as responsabilidades se estabelecem.

Alguns aspectos a considerar quando se decide dar um castigo

1. As faixas etárias: é inteiramente diferente uma criança de um ano e meio começando a andar e a aprender o convívio social de uma de três, falante, que já brinca em parceria e já deve ter muitas regras introjetadas. Ainda que para o pessoal até ao redor dos cinco castigo seja demais, uma chamada de atenção clara e firme, uma cara de insatisfeito do adulto, só no momento da confusão, já é mais que suficiente para eles entenderem que não foi legal o que fizeram. A partir dessa idade já dá para lidarem com castigos.
2. Castigo não pode ser violência: ficar sem comer, quarto escuro, trancado em algum lugar, nem pensar. Nada que humilhe é possível também.

3. O tempo: não adianta dar punições que durem até o dia da passagem do cometa. Você cansa, esquece e o sentido se perde. Tente equilibrar o motivo do castigo e o tempo de duração com o sentido de justiça. Com os pequenos, então, o tempo deve ser curto: sentar ali no banquinho, desligar a televisão, não chamar o amigo para brincar ou não ir brincar na casa do amigo.
4. Castigo não é vingança: o objetivo é o ocorrido não se repetir, e não você vencer uma briga. Por isso reflita sobre sua raiva, contenha seu ímpeto e busque um alvo melhor do que seu filho para direcioná-la.
5. Castigo não pode ser a toda hora e muito menos por qualquer infração: há pais que, por qualquer coisa, já inventam um castigo. Desgasta. É supercomum a queixa, principalmente de pais de adolescentes, de que nenhuma punição funciona mais. Tiram o computador, o telefone, a festa e... nada. "Parece que ele nem liga." Vira uma luta pelo poder. Dê bronca, mostre sua insatisfação, dê certo gelo – pequeno, mínimo, com os mais novinhos – e guarde as punições cerceadoras para grandes ocasiões.
6. Não invente um castigo que só sirva aos seus interesses: não vale, não faz efeito e nos leva a uma discussão sobre ética. Estamos falando daquele castigo em que lucraremos com ele, em que a gente se beneficia da infração cometida e se torna cúmplice. Exemplo: um pai que detesta ir à festa de amiguinhos da escola. Oba! Meia hora antes de saírem, o filho derrama sorvete no seu lindo tapete. Bem que ele havia visto o menino circulando com o picolé, mas não falou nada, deixou rolar. Depois do acidente, lá vem um castigo pela falta de cuidado. Resultado: o pai em casa vendo o jogo do Flamengo! Feio, mesmo!
7. Malcriações sucessivas e repetitivas não são necessariamente uma tentativa de enlouquecimento: Françoise Dolto, psica-

nalista francesa por quem temos o maior respeito, dizia que a repetição da tentativa de infração era um apelo à presença cuidadosa do adulto garantindo o cumprimento da lei. Uma vez assegurado o cuidado, a lei se introjeta e tudo segue. Interessante, não? Por isso é bom relembrar: a paciência é uma virtude preciosa a ser cultivada pelos pais.

8. Cuidado! Muito importante: existem situações familiares em que o castigo se torna o grande palco do encontro entre pais e filhos. A punição, as brigas ou, nos casos mais sérios, o próprio castigo físico, vão ganhando uma dimensão, uma periodicidade tal que se transformam no lugar onde se dão as relações familiares. A intensidade das paixões, mal elaboradas, mal distribuídas, confundidas em seu alvo, leva caminhos de afeto que deveriam correr paralelos a se cruzar de forma dolorosa. O carinho, expressão natural de amor entre pais e filhos, fica submerso por um vendaval de paixões cuja expressão principal passa a ser a raiva e o embate. Crianças nessa situação tendem a trocar as bolas, vivendo a agressão como uma forma de amor. Preste atenção, reflita. Se você acha que esse pode ser o ambiente de sua família, o melhor é buscar ajuda. Vai ser um alívio!

7

A PSIQUIATRIA DA VIDA COTIDIANA

Entre o conformismo que prega o ditado "O que não tem remédio, remediado está" e o paraíso prometido pela indústria farmacêutica – já teriam produzido até a pílula da felicidade! –, quem circula somos nós, pessoas comuns, pais de crianças com dificuldades. Ou, mais simples ainda, apenas pais com dificuldades com crianças. Mas que tentação esse paraíso!

Por aqui, na vida real, as coisas são um pouco mais difíceis, e a gente frequentemente se vê tendo de lidar com questões que nem na mais remota fantasia imaginamos que um dia fariam parte de nossas vidas. Não estamos falando das grandes patologias, claro. Esse extremo – cujo risco felizmente não teve força suficiente para nos fazer desistir do sonho de ter um filho – quase sempre passa pela nossa cabeça. E, se chega até nós, talvez seja preciso mesmo um psiquiatra para ajudar. Mas do que falamos aqui e nos chama a atenção é a ampliação da lista de comportamentos infantis que são tomados como patologias e sujeitos ao uso de medicação psiquiátrica.

Os pais, atordoados pelas mudanças que vêm acontecendo nas relações intrafamiliares, parecem despreparados para lidar com as emoções contraditórias que brotam de seus filhos e ficam surpresos com suas próprias reações em resposta a elas. Difícil encontrar dentro de si parâmetros para entender o que acontece e como agir: "Poxa, afinal somos pais tão legais, tão diferentes de nossos pais, por que toda essa raiva?" De uma infância nem tão distante para cá, a vida mudou tanto que parece até ter surgido um novo tempo que antes não existia: a pré-adolescência. Crianças reivindicando independência, com atitudes de adolescentes, mas ainda sem a menor condição física e psíquica de um agir independente. Só malcriação e reivindicação de autonomia. Muito mais um pedido de contorno e de cuidado do que de independência. Que confusão! Não há dúvida de que é mesmo difícil criar uma criança hoje em dia.

Durante séculos os pais tiveram o apoio de diferentes *outros* para criar seus filhos. Que fosse a hierarquia na família, a parceria do pessoal da aldeia, da tribo, do grupo social ou do sistema de empregados domésticos. Outros grandes parceiros, como já vimos, foram o chinelo, o cinto e os castigos severos. E é nesse lugar que agora entra a medicação psiquiátrica, que vem sendo amplamente usada como parceira dos pais na criação dos filhos.

Seguem alguns aspectos da questão que talvez ajudem a uma escolha de apoio mais ampla, mais livre e também menos medicalizante:

1. Vivemos naufragados no que parece uma propaganda – enganosa, é claro – sobre o que é ter filhos e o que é ser bom pai. A tal propaganda é intensa e sutilmente veiculada. Vai desde o antigo clichê "padecer no paraíso" (existe propaganda mais enganosa que essa? Coisa mais incoerente!) aos discursos mais

modernos da volta ao natural. Segundo esses, cujos parâmetros vêm do universo animal, seria a coisa mais simples e natural criar nossos leõezinhos. *Cool*. Alguém lembra que os bichos largam seus filhos assim que desmamam? Seria solução para nós amamentar até a universidade? E quando a gente se vê na solidão de uma daquelas cenas domésticas descontroladas, todos esses discursos só servem para piorar nosso já atuante sentimento de sermos as piores pessoas do mundo.

2. Tendemos a supor que todos os avanços que conseguimos nas famílias – liberdade, igualdade e respeito pelas escolhas de cada um – fariam com que a vida entre pais e filhos fluísse em enorme sintonia. Ledo engano! Pais continuam a ser pais e filhos a ser filhos. Logo, há sempre algum nível de discordância; afinal, são de gerações diferentes.

3. Há um discurso dominante sobre o caráter compulsório da beleza, da felicidade e da alegria. Anda proibido duvidar, ter fraquezas, ser contraditório, fracassar e engordar. Sentir uma enorme tristeza, então, nem pensar. Mas não é assim, cheios de emoções, que somos, e também nossos filhos?

4. As crianças, hoje, adquiriram, em grande parte das famílias, o direito de escolher e falar. Podem, assim, dirigir a seus pais, sem medo ou vergonha, as inquietações típicas da construção de uma identidade, de um jeito próprio de ser humano. Perguntar e responder, cobrar atenção, questionar os adultos em suas verdades, se desligar do que não lhes interessa imediatamente, buscar o que lhes interessa. Tentar fazer com que o mundo seja do jeito que querem. E, com isso, trazem para os pais os assuntos proibidos pela tal propaganda enganosa: o medo do escuro, do mal, da vida e da morte; o sofrimento pela exclusão, pela

solidão, pelo desamparo, pelas besteiras que todos fazemos. Por um lado é ótimo, pode favorecer a aproximação. Por outro, tira o sono, estressa. Repetidamente, irrita e sobrecarrega os pais.

5. Os pais procuram desesperadamente se encaixar em um modelo de sucesso, beleza, harmonia, alegria, felicidade e sei lá mais o que é suposto que sejamos para construir uma imagem tida como adequada. E o pessoalzinho cobrando dos adultos – muitas vezes em desespero – o apoio, a identificação, o sentido do caminho de desenvolvimento de seres dúbios e contraditórios que somos. Em outras palavras, de um lado o imperativo contemporâneo da imagem; de outro, o imperativo humano dos afetos, do mundo interior, da empatia e da identificação. Desse desencontro fica muito fácil alguém sair medicado.

6. Temos a fantasia de que será possível dar de tudo muito para nossos pequenos, protegê-los de qualquer falta ou frustração. Eles crescem, as demandas nunca acabam e o inevitável acontece – eles descobrem que não têm tudo. Para alguns, esta é uma descoberta insuportável. Quanto aos pais, estes veem-se frustrados com o que parece ser falta de gratidão dos filhos. O resultado é a revolta, e pais às voltas com a necessidade de "colocar limite". Esse mal, definido no correr da vida da criança, ganha agora um tom de urgência difícil de elaborar. Sem limites entre o dar e o receber, o descontrole se instaura.

A epidemia de comportamentos cotidianos atualmente dados como psiquiatrizáveis nos parece, então, ter aí sua origem: na incontinência dos afetos – seja dos nossos, seja dos deles. A distância entre nosso ideal de pais e nossas reais possibilidades humanas abre um espaço por onde os afetos se expressam com tal intensidade que vão sendo tomados como uma expressão patológica. Pais precisando de apoio e crianças precisando de presença efetiva e afetiva. A solução seria um remédio?

Pode ser por malcriação excessiva, por desobediência constante, por não prestar atenção nas coisas do colégio ou por dificuldade no sono. Pode ser por mil motivos, porque, afinal, no dia a dia com crianças, além das delícias, também é muito fácil achar a vida trabalhosa e irritante. Por isso, antes da ida ao psiquiatra, e depois de ler os pontos que levantamos, quem sabe dá para tentar algumas medidas?

- Lembre-se de que você merece respeito. Mas cuidado também para não se levar a sério demais, o tempo todo. Difícil, não é? Mas não custa tentar – ser flexível sem ser volátil.
- Saia do lugar da culpa e entre no da responsabilidade. É inútil se mortificar por sentimentos que você acha horríveis ou por ações que o deixam com vergonha e culpa. Quando a gente resolve ter filhos, assume a responsabilidade por seu cuidado e pelo modo como vamos apresentar o mundo a eles; ser responsável faz parte do encanto em tê-los. Por isso, se a situação está difícil, não fuja da ideia de que você é um elemento ativo na origem dessa dificuldade e na dificuldade em chegar a uma solução. Ter responsabilidade é assumir esse lugar que nos dá a força e oportunidade para transformar.
- Importante! Muitas vezes, por mais que a gente, em princípio, não goste da conduta de um filho, temos nela um papel determinante. Vejamos um exemplo: aquele menino que cria caso com todo mundo, malcriado, marrento, a escola reclama e você morre de vergonha. Mas quem sabe você, pessoa pacífica – talvez mais até do que gostaria –, lá no fundo, não acha maneiro o guri ser assim machinho, valente? Essa reflexão pode servir

para diversos comportamentos que, em princípio, a gente não gosta, mas que nosso filho teima em ter.
- Tente entender a origem do desencontro. Será que você não está passando muito pouco tempo com ele? Ou está ficando tempo demais com ele? Será que há ainda outros comportamentos seus que estejam causando esse comportamento indesejado? Sobrecarregado pela vida, sem paciência? Ok, dá para entender, mas seu filho não causou isso. Foi você que resolveu tê-lo e o criou. Quando liberamos os ouvidos para o que vem de dentro de nós, conseguimos escutar muito melhor o que vem de fora. Ligue-se no que seu filho espera de vocês. Se o que ele precisa é de mais tempo com vocês, e vocês trabalham fora o dia todo, é pena, mas terão que diminuir a malhação, se revezar, desistir de correr juntos. Ler Proust com os amigos? Dê um tempo. Se não podem – ou não querem – abrir mão de nada, e eles precisam de vocês, vejam nisso uma prova do quanto vocês são importantes para eles. E mais do que em qualquer outra circunstância da vida.
- Converse sobre o assunto – sua dificuldade com as crianças/a criança – com os amigos, com quem gosta de você. Quem sabe até a orientadora da escola pode ajudar, mesmo que o problema não seja dela? Tem de ser gente que fala o que pensa, mas que tem cuidado com você.

E quando o problema é o déficit de atenção e a hiperatividade?

Nossa, que criança agitada! Não para quieta! Pode começar assim: tudo creditado a um estilo pessoal. Em certas famílias a agitação até faz sucesso, vira sinônimo de alegria e vitalidade.

Mas ele nunca brinca sozinho, tem dificuldade em construir uma brincadeira de imaginação, com personagens, ações, dramaturgia. Corre de um lado para outro, sobe no sofá, cai no chão. É, mas joga futebol com os amigos, pode ficar horas no videogame, jogando no computador ou colado no filme. Tudo bem, só um jeito de ser. O problema é que a vó Dulce, que está sempre por ali, não para de azucrinar mandando levar o Tomás ao médico!

Existem dois aspectos importantes quando começamos a falar de hiperatividade. Um deles é que, muitas vezes, a bagunça cotidiana da vida com crianças aparece como uma coisa de outro mundo, dificilmente tolerada por adultos já muito adaptados ao controle. Ou que, muito cansados por suas próprias atividades, chegam em casa e não aguentam mais confusão.

Viver com crianças é estar um pouco fora de ordem. Elas têm energia, necessidade de movimentar o corpo, conhecem e constroem o mundo através de seus movimentos. Então, é sempre bom pensar se, de fato, existe algo tão preocupante no que temos chamado de "intranquilidade" nas crianças. O outro aspecto é que, paradoxalmente, a tranquilidade que gostaríamos de ver nas crianças não é fácil de achar no mundo que oferecemos a elas. Desde muito pequenos, já são expostos às telas, às brincadeiras de luta e correria, às músicas ensurdecedoras. Conhece lugar mais barulhento que casa de festa infantil? A verdade é que não vale agitar, agitar, agitar e depois exigir tranquilidade. O sistema de funcionamento de uma criança não é liga-desliga.

E nós, adultos? Somos capazes de manter junto às crianças a atenção necessária? Estamos construindo vínculos fortes com elas? A constância da presença e do vínculo com o adulto só favorece o sossego e a tranquilidade nas crianças. Uma das maneiras de a criança mostrar insegurança e angústia é ficar quicando de um lado para outro, sem conseguir se fixar em uma atividade, sem sustentar um vínculo criativo com o que faz.

A questão ganha novos elementos quando começam a aparecer problemas de aprendizagem na escola. Não presta atenção, não quer sentar para estudar. Se distrai facilmente com qualquer mosquito que passe. Déficit de inteligência? Evidente que não! Faz observações argutas sobre as situações, entende rápido o sentido do filme e saca coisas incríveis das conversas dos adultos. Então?

Dislexia é uma hipótese, diz a escola. Melhor testar. A fono diz que não, não tem esse problema. Talvez, quem sabe... Mas, se tiver, é mínima. No caso, nenhuma dificuldade de aprendizagem pode ser creditada a esse mal. Em muitos casos de dislexia, as crianças apresentam desatenção e irritabilidade causadas pela dificuldade em lidar com as palavras. Com razão, o esforço que o disléxico tem de fazer para ler é realmente exaustivo. Mas e se não for esse o caso?

Então, como fazer para tentar controlar a situação? A chance de alguém prescrever uma medicação psiquiátrica para essa criança é enorme.

Pensando bem...

Qual o sentido, para você, de seu filho se dar bem na escola? O discurso recorrente é: "Não precisa tirar dez, basta passar de ano." Verdade? Pode ser que você de fato espere demais dele, e ele, se vendo pressionado e mal compreendido, acabe rendendo até menos do que poderia. Talvez ele seja muito esperto para outras coisas, mas não se adapte bem à vida acadêmica.

Vivemos um enorme descompasso entre a instituição escolar e o "mundo interativo". O professor Google sabe mais que qualquer outro; por isso, as escolas vêm tentando correr atrás, buscando se repensar como instituição. No caso particular de cada um, precisamos também considerar esse aspecto institucional coletivo. A patologia pode estar na obsolescência da instituição escolar, e não em cada criança que não se adapta a ela. As crianças podem estar sendo medicalizadas por um mal que não é delas. Afinal, queremos adaptá-las a quê? A instituições do século XVIII?

Será que não estamos colocando nos ombros delas uma enorme expectativa, calcada em nosso narcisismo, em que o seu sucesso estaria sendo a prova de nosso próprio valor? Claro que filhos estão sempre vinculados ao nosso narcisismo, mas tudo tem limite. Será que você está pesando na mão com esse filho? Muita comparação com irmãos? Ele perde sempre ou lhe sobra uma área de sucesso na família? Você não para de se comparar a ele? Pensar nessas questões pode ajudar.

Vale chamar professor particular e, em alguns casos, até contratar alguém que faça um acompanhamento, uma espécie de preceptoria, cuide dos deveres, dos estudos, da agenda da criança, se você não consegue fazer isso de forma pacífica.

Não morra de medo que ele repita o ano – afinal, repetência desaparece no currículo de um profissional competente. Já o uso precoce de medicação psiquiátrica é bem mais difícil de digerir.

Mas e se precisar mesmo de remédio?

Para começar, quem sabe sobre remédios são os médicos. No entanto, cabe aos pais levá-los até lá, escolher o profissional e acatar ou não a sua opinião. Por isso, mais uma vez, a palavra final (e a inicial) está com eles. Escola, médicos, avós, seja lá quem for, opina, mas decidir mesmo, isso está nas mãos dos que, por isso mesmo, são chamados de responsáveis. Desconfie dos profissionais que muito rapidamente já saem receitando. As questões psíquicas são complexas e os comportamentos que elas acarretam facilmente se confundem. Por isso, para tomar uma decisão sobre a conduta mais adequada é preciso que o médico ouça bastante pais e criança e se interesse por seu comportamento na consulta. Outro bom critério na escolha do profissional é a sua disponibilidade para acompanhar o caso e dar apoio à família.

Muito importante no uso da medicação psiquiátrica para crianças é que ela seja realmente vista como uma última forma de ajuda. Em muitos casos são apenas uma medida emergencial para que outros recursos sejam ativados e o remédio possa sair de cena. Por isso, antes de chegarmos lá vale a pena tentar esgotar todas as nossas possibilidades de pais. Um dos grandes encantos da vida é a relação entre os seres humanos, é podermos nos afetar, acolher, transformar uns aos outros, através de trocas no campo afetivo. Mas a gente pode se perguntar: qual a medida desse esgotar? Pois é, o melhor é que ela está em nós mesmos, em cada um consigo próprio. Viu que a situação realmente vai além de suas possibilidades? Que está esgotado? Percebeu em seu filho a gravidade de seu estado? Aí, sim, busque o profissional.

UMA HISTÓRIA DE USO EMERGENCIAL DE MEDICAÇÃO

Um menino de cinco anos vinha tendo comportamentos muito agressivos, violentos mesmo, direcionados principalmente aos pais. Quebrava objetos na casa, batia, cuspia, falava coisas muito difíceis para eles. Existiam questões da relação dos três que precisavam de cuidado e de tempo. Os pais precisavam ser ouvidos e pensar sobre a relação com o filho. Mas, naquele momento, tudo aquilo era demais para eles e não era possível afetivamente aguentar esse tempo. Por conta da situação com o filho, mas também por outras circunstâncias de suas vidas, estavam muito fragilizados. A medicalização da criança foi pensada, então, como uma estratégia de diminuir sua agressividade para dar tempo aos pais de se fortalecerem e poderem lidar de outra forma com o filho. O médico ter oferecido essa possibilidade já teve para os pais um efeito calmante, e eles puderam se envolver com a gravidade do que o filho expunha sem, no entanto, se sentirem ameaçados por sua agressividade.

8

O SEXO E AS CRIANÇAS

Domingo. A família toda reunida, feliz, para almoçar e comemorar a tão esperada gravidez da tia Bel. Um pequeno intervalo de silêncio no meio da falação generalizada, e lá, de um canto da mesa, vem uma vozinha com tom reflexivo: "Mas, tia, como foi mesmo que a sementinha do Duda foi parar na sua barriga?" Todo mundo corre para lavar a louça.

Já se vão cem anos desde que Freud causou o maior desconforto com seus escritos sobre a sexualidade infantil, e, até hoje, o assunto continua a ser desconfortável. Difícil falar com as crianças sobre a sexualidade dos adultos; difícil lidar com a sexualidade delas. E, naquele tempo, como hoje, o prazer que está envolvido no sexo é sempre um problema. Ora, já dizia o próprio Freud que a sexualidade humana é radicalmente diferente do sexo dos animais, pois não busca apenas a reprodução, e sim o prazer. Reprodução da espécie, sementinha, pênis e vagina, tudo pode ficar creditado ao baú da ciência – e muitas vezes tem de ficar mesmo –, mas, quando toda a família se levanta para lavar a louça na hora de responder, não é porque não são desse ramo da ciência e não entendem desses assuntos (e menos ainda por serem superprestativos). O difícil de dosar é o quanto a resposta está dominada pelas nossas próprias fantasias ou dificuldades com a sexualidade. Com o medo de expor o que não pode ser exposto, fica mais fácil mesmo ir lavar a louça.

Hoje, quer se saiba ou não, quer se queira ou não – e para isso não precisa nem ter ouvido falar em Freud –, a forma como as crianças são tratadas e ouvidas é completamente influenciada pelas reflexões freudianas e de seus seguidores. O Édipo, os traumas, o reconhecimento do ciúme e as questões narcísicas são identificados e compreendidos pelos adultos. Com esses estudiosos aprendemos a importância do colo para uma criança, do contato físico e do amamentar. Aprendemos a não ameaçar um menino com uma "espada justiceira", a respeitar o interesse da criança por seu corpo e pelo do outro sexo. Afinal, o interesse pelos órgãos genitais é o interesse por uma parte (importantíssima) do corpo, e gostar de nosso corpo é fundamental para a autoestima. Hoje, mesmo com todas as dificuldades em responder, compreendemos a legitimidade da pergunta do sobrinho da Bel. Felizmente muita coisa mudou de Freud para cá!

Descrevendo um caminho evolutivo, mas não necessariamente linear, da sexualidade humana, Freud faz uma distinção clara da forma de expressão da sexualidade e dos pontos de apoio corporais no correr da vida de cada um de nós. A partir da adolescência, tendo alcançado as condições físicas para a procriação, haveria uma mudança radical no percurso da sexualidade humana, que agora passaria a uma fase que englobaria todas as anteriores. Freud nomeou essa derradeira fase de genital. É a fase da vida adulta, aquela a que nos referimos quando falamos ou ouvimos a palavra sexo. A chamada sexualidade infantil não tem a mesma qualidade psíquica, a mesma carga física e não se relaciona com a reprodução da espécie. Na vida das crianças, os hormônios têm outro funcionamento, as fantasias sexuais têm outro enredo e outro sentido, e o corpo tem outro formato.

Tudo bem, só que, assim como tudo da ordem (ou desordem) humana, seja mental, seja física, a sexualidade depende dos tempos e do ambiente cultural. O que é supernatural numa sociedade em outra pode ser sinal de desregramento, imoralidade. Até nossos corpos mudaram com o correr da história. A expectativa hoje, para grande parte da humanidade, é viver mais do que nunca. Somos mais altos, temos os pés maiores. As meninas menstruam mais cedo, as mulheres são mães mais tarde, não é preciso fazer sexo para ter bebês. Até o dente de siso é objeto em extinção, e quando existe, é logo arrancado. E, fascinante, os estudos dos neurocientistas apontam para transformações neuronais causadas por experiências vividas que podem mesmo chegar à transmissão genética.

Atualmente uma grande preocupação em torno da infância, em especial aqui no Brasil, é com o que seria uma erotização precoce das crianças. Ao contrário do que Freud pensou sobre sexualidade infantil, o que vemos são crianças encarnando papéis próprios à sexualidade genital adulta. Isso se expressa nas danças, nas músicas, na forma de se vestir, na linguagem e até no uso de um gestual pateticamente inspirado em relações sexuais genitais. Crianças pequenas parecem imersas em um universo há muitos séculos reservado apenas aos adultos. Sem equipamento físico para dar conta da etapa genital da sexualidade humana, sem equipamento psíquico para elaborá-la e dela poder usufruir, as crianças são empurradas para o desconfortável lugar da caricatura. E, ainda que para alguns possa parecer até engraçado, afinal "ela não entende o que está fazendo", o esforço psíquico requerido para se situar em um mundo que não lhe pertence pode ser devastador, perturbando para sempre seu encontro com a própria sexualidade.

É isso, e não tem jeito: todos os pais, de uma forma ou de outra, têm de lidar com a sexualidade de seus filhos, seja precoce, seja adequada ao tempo. Por isso, vamos ver algumas situações muito facilmente possíveis de acontecer e muito facilmente passíveis de nos confundir.

Quando o assunto é a sexualidade deles

Os personagens variam – dois meninos, um menino e uma menina, ou até mesmo algumas (poucas) crianças –, mas o problema é o mesmo.

Ela foi direto da escola para a casa da amiga. As duas com cerca de sete anos, estudando na mesma escola, pais conhecidos. Não eram amicíssimos, mas, cada um de seu lado, achavam os outros legais, gente fina, de confiança. E de fato eram. As meninas ficaram brincando pela casa, a mãe diante do computador resolvendo mil assuntos. "Gente! Cinco da tarde e ainda não dei lanche para as crianças!" A mãe vai até o quarto perguntar o que iam querer e... Ai! Que susto! Que difícil! Que droga! As duas, sem calcinha, tocando uma na outra! Ai, que situação! E agora, o que é que eu faço?

Ainda que muito comum, a cena sempre assusta (os que veem e os que são vistos). Então, depois do susto inicial:

- A cena tem que ser interrompida. Em princípio, isso já acontece só por você ter chegado.

- Não ajuda fazer escândalo nem fingir que não viu. Tanto uma atitude quanto a outra só fazem hipervalorizar uma cena que pode ser elaborada com tranquilidade. Algo do gênero "Ah! Não, não, não, nada disso! Gente, não pode fazer essa brincadeira, não!" pode ser uma fala adequada. Há uma pergunta que fica no ar, mas que praticamente nunca é feita. Primeiro, porque a resposta já vem inscrita no corpo por uma memória ancestral; segundo, certamente por causa dessa memória ancestral, as crianças já sabem que estão fazendo algo que atrai bronca. E essa pergunta é: "Por que não podemos continuar?" Uma boa resposta, se é que existe, seria: "Isso é coisa de adulto. Quando você crescer vai poder brincar disso." O mais importante aqui é que se vá ensinando às crianças a cuidarem de seu sexo, a não se exporem aos outros. Não se trata de repressão ou de condenação, mas sim da transmissão do cuidado com algo tão precioso em nossas vidas.
- Lembre-se de você criança. Se não participou de cena parecida, não deve ter sido por falta de vontade ou de curiosidade.
- Ainda que a vontade de culpar o amiguinho seja imensa, entenda que seu filho também estava na cena.
- Tudo isso só vale quando estamos falando de crianças de idade bem próximas. Se a diferença for grande, a história pode ganhar outra conotação. Vale uma conversa séria com as crianças, com os dois, independentemente de qual seja seu filho. Conversar também com os pais da outra criança sobre o que presenciou é fundamental. Pode não ser fácil, mas com certeza é o melhor caminho. Sem terrorismo nem medo da situação!
- Em princípio, ser flagrado uma vez já é suficiente para que nunca mais aconteça (pelo menos o flagrante). Se seu filho estiver repetidas vezes nessa situação, aí, sim, seria bom se preocupar de fato e buscar ajuda profissional.

Masturbação

Outra situação delicada! Aliás, a maior parte das cenas com conteúdo sexual nos levam ao desconfortável "E agora, o que é que eu faço?".

Os meninos, desde bebês, por terem o órgão sexual mais exposto que as meninas, já se tocam tranquilamente. É só tirar a fralda que a mãozinha vai rapidinho para lá. Já as meninas não. É preciso ser uma pessoinha mais explorativa, sem fralda, lá pelos três anos, para começar a se dar conta de seu órgão sexual, e com muita investigação acha um lugarzinho que desperta interesse e que é próprio a elas.

Mas, bem, seja mais para dentro, seja mais para fora, tanto elas quanto eles têm de se interessar por seu sexo. Ainda que a situação possa trazer desconforto para os pais, a criança que nunca foi vista se tocando deve ser objeto de mais preocupação do que a que volta e meia está com a mão por lá. Mas o que fazer? Deixar?

Outra vez, temos de ir ensinando, construindo o terreno do cuidado que cada um deve ter com sua sexualidade e seu corpo. Masturbação não é uma prática pública nem ilegal, trata-se de um ato íntimo, que não faz mal a ninguém, onde cada um se delicia sozinho com seu corpo e com suas fantasias. Por isso, é impossível fingir que não viu ou fazer um escândalo e ameaças. Por que não ver e não ensinar os cuidados? O tom tem que ser de quem entende e se solidariza, mas deixando claro que na frente dos outros, não. E, nesse caso, mesmo papai e mamãe são os outros. E nunca com o corpo de outro ou com objetos que possam machucar. Claro que não estamos falando de bebês, ora bolas, esses manipulam seu sexo, sentem um gostozinho, sim (a gente que já perdeu essa memória pode ao menos imaginar que sim!), mas não dá para chamar de masturbação. É preciso que seja um ser falante, andante e sem fraldas para começarmos a usar esse termo que subentende uma intencionalidade consciente.

Normal, portanto, e quase universal. Mas tudo tem seu limite, e, como quase tudo que fazemos ou sentimos, a masturbação também pode virar patológica. Aquela menina que a toda hora está se esfregando no braço do sofá, aquele menino que não consegue largar o pinto (parece até que se largar cai!). Dá para perceber que o gesto é incontido, incontrolado. Angustiado. Nesses casos, o melhor a fazer é realmente procurar um profissional, pois o limite da ação dos pais, sem ajuda, já começa a ser muito curto.

ATENÇÃO! Supercomum e, na verdade, uma prova de autoestima é o orgulho que os meninos costumam ter de seu órgão sexual. Adoram se exibir, passar correndo pelado na sala quando tem visita, fazer xixi com pose de grandes guerreiros. Cuidado para não ridicularizá-lo, não faça comentários humilhantes, nem pense em ameaçar. Claro que não vai deixar o tipo andando pelado de um lado para outro no meio das visitas, mas dê um jeito de mandá-lo parar deixando de lado qualquer crítica pessoal. Só não pode porque não se costuma andar pelado por aí.

Alguns pontos controversos. Será carinho, será brincadeirinha?

1. O selinho: na Rússia pode, primeiro-ministro dá em ministro, atletas no pódio também. Já por aqui, a gente não usa. Não faz parte de nossa cultura, o que, no entanto, não quer dizer que não possa mudar, claro. De qualquer forma, existem pessoas que têm o hábito de beijar seus filhos nos lábios. Rapidinho, só

carinho. Às vezes são os avós que dão o tal selinho. Cada um vive como quer e tem suas próprias maneiras de expressar carinho. Ok. Mas, quando optamos por um comportamento que rompe com padrões culturais, ainda mais envolvendo crianças, é especialmente bom pensar o que queremos com essa ruptura. Está um pouco sexualizado demais? Não existem formas mais tranquilas de mostrar carinho? Com o estalinho buscamos ocupar um lugar privilegiado nos afetos da criança? Só para levantar algumas questões.

2. Olha a namoradinha do Gui! – é só brincadeirinha, claro. Mas qual é a graça dessa brincadeira? Falar do afeto entre as crianças? Será que não existe a possibilidade de afeto e ligação entre pequenos seres que não seja no registro do namoro? Não ficam nesse suposto namoro empurrados para um lugar meio ridículo (olha só, que gracinha! Hahaha)? Estaríamos buscando assumir o controle do que nos escapa na troca de afetos entre crianças, usando modelos que são apenas nossos?

Felipe se vestiu de princesa e Rita detesta saia

O ser humano é sempre movido por um desejo que nunca se satisfaz inteiramente, falta sempre um algo a mais. Um outro potente motor de nossos movimentos é uma curiosidade também infinita. Por isso, nada mais natural que as crianças façam incursões não só pelos signos referidos ao outro sexo, como também pelas características físicas que seu sexo não tem. São coisas do tipo meninos brincando de boneca, meninas no futebol (esse exemplo, aliás, já está tão assimilado que nem serve mais). Meninas que se recusam a usar saia ou vestido, meninos pedindo Barbie no aniversário ou meninas pedindo boneco do Thor ou espadas.

Quanto aos ensaios com o que seus corpos não lhes oferecem, são meninos colocando travesseiros na barriga para fingir gravidez, meninas colocando a mangueira do jardim no meio das perninhas, fazendo xixi em pé.

Por isso é preciso entender ali um processo de elaboração das diferenças. O que não pode é tomar essas atitudes como uma verdade absoluta, uma questão de desencontro radical consigo próprio. Jogue fora a bola de cristal, objeto inútil, pois não é por aí que vai se conhecer o futuro.

No entanto, diferentes possibilidades de entendimento geram diferentes possibilidades de ação. Por isso, seguem algumas sugestões práticas e algumas considerações sobre o que pode ser sua influência no rumo que essa questão vai tomar. Como em todos os assuntos, aliás.

1. Já no ultrassom o médico fala "É menino! É menina!". Dentro de nossas mentes são imediatamente acionados todos os arquivos sobre ser homem ou ser mulher, sobre como criar um homem ou criar uma mulher. Apoiado nesses registros iniciais, o bebê se fará homem ou mulher. A partir daí os adultos em volta começarão a agir segundo os signos culturais que expressam ser homem ou ser mulher. Reparem na diferença com que um adulto se dirige a um bebê menina e a um bebê menino. Para as meninas, a delicadeza: "Parece uma princesa!", "Uma verdadeira bonequinha!". Para os meninos: "E aí, campeão! Amigão!" Camisa e fralda de time de futebol são presentes obrigatórios. Mesmo hoje, quando as mulheres já têm até sua própria Copa do Mundo de futebol, é raríssimo uma princesinha ganhar a camisa do Flamengo quando nasce.

2. Ainda que, como bem disse o poeta, "nada do que é humano me é estranho", a formulação do inconsciente freudiano abre

um novo campo para estranhezas. O que se sabe hoje é que, mesmo dentro de nós, existem coisas que nos são estranhas e – mais esquisito ainda – parece que os filhos se comunicam direto com esses nossos desconhecidos. Por isso, a maneira como os pais lidam com a afirmativa de uma menininha – por exemplo, "Eu não sou menina, sou menino" – vai ser importantíssima no destino dessa sentença. Tomar a afirmativa como uma verdade fechada ou uma experimentação normal pode levar a destinos radicalmente diferentes.

3. Talvez a gente esteja repetindo isso em todos os capítulos, mas é tão importante que vai aqui de novo: ainda que as crianças precisem ser ouvidas por seus pais, é preciso não tomar como ordem o que é um desejo da criança. Há uma tendência de os pais terem quase medo de seus filhos, tremendo de aflição diante da possibilidade de eles ficarem zangados. Assim, estão propensos a ceder em todos os assuntos. Na dança de cadeiras das famílias, os assentos foram trocados.

4. Pais atendendo à demanda dos filhos... E os filhos, estariam atendendo às demandas inconscientes dos pais? São tantas as estranhezas que moram em nós! É tanto o que circula entre pais e filhos...

5. Uma estratégia de mercado: a diversificação de produtos aumenta as vendas. Assim, marcar o que são produtos para meninos, produtos para meninas, para meninos de um ano ou para meninas de dois, para a terceira idade, para adultos jovens, seja lá o que for, só faz vender mais coisas. Essa marcação rígida deixa pouco espaço para a natural indefinição de gênero que precisa ser experimentada pelos pequenos. Será que ter de fazer uma escolha desse porte tão cedo – e, pior, definida pelo mercado – não favorece o desconforto com o próprio corpo?

6. Assim como o preconceito e a rejeição familiar podem ter um efeito devastador, pode ser igualmente devastador aprisionar a criança pequena em uma definição prematura. Por mais difícil que seja, ajudar os filhos a superar os sofrimentos gerados pelos desencontros entre eles e eles mesmos deve ser sempre a função dos pais. Então, de prático:

- Não leve muito a sério o que em princípio é um momento, uma fase, uma experiência.
- Negocie roupas e adereços. Ok, é legal respeitar suas experiências, mas também não dá para ficar inteiramente submetido a elas. Não faz nada bem a uma criança mandar nos pais e nem ser a razão de seu constrangimento. Quem sabe, se isso for o melhor para você, na festa da repartição eles possam ir vestidos um pouco mais dentro dos padrões?
- Não dê trela ao pessoal que fica aborrecendo, marcando em cima do assunto. Uma boa resposta evasiva, e não agressiva, para encerrar o assunto pode ser "Pois é, né?". Depois, volte a falar sobre o tempo. Ou, se estiver disposto e sentir alguma receptividade, essa pode ser uma grande oportunidade de debater determinismos sociais. Expandir a forma de pensar e, consequentemente, de se relacionar com o outro é sempre um caminho para uma vida mais tranquila.
- Cuidado para que esta característica da criança não vire o que há de mais relevante nela. Como vimos, a sexualidade é uma construção, e não é a única em um sujeito. Aos poucos a vida vai tomando o curso que lhe for próprio. Qual é esse curso, saberemos um dia.

> **Pequena nota**
>
> Já repararam que familiarmente os órgãos sexuais são designados por nomes de animais? Baratinha, perereca, peru, pinto. Engraçado, né? Nossa vida sexual fica remetida ao reino animal! E a animais nada selvagens e de pequeno porte. Fora isso, caímos no palavrão ou na ciência. Nas meninas, os animais são mais nojentinhos; nos meninos, mais simpáticos. É... Como é difícil encontrar as palavras que nos deixam à vontade no universo do sexo!

Abuso, o pior dos assuntos

O efeito traumático causado pelo abuso sexual de crianças se dá em dois momentos. O primeiro na ação em si do abuso e o segundo, de certa forma ainda pior, ocorre quando a família não acolhe, não acredita e não defende a criança abusada. O desamparo diante do incompreensível, da violência dos acontecimentos, tem também efeitos devastadores sobre sua organização psíquica. Por isso:

- Se houver por parte de suas crianças a denúncia de algum comportamento estranho em um adulto, comece acreditando em seu filho. Ajude-o a confiar em você, tente ficar calmo para deixá-lo falar sem medo.
- Fique redobradamente atento. Certifique-se.
- Não tenha medo de rupturas, brigas, escândalo. Lembre-se de que o único culpado dessa história toda é o abusador. E não pode deixar passar!

Ainda que algumas crianças possam ter um jeitinho sedutor com adultos de quem elas gostem muito, o que elas esperam é ternura. A criança está a quilômetros de distância e de anos de vida de uma pessoa adulta que seduz outra dentro do registro da sexualidade genital. Em hipótese alguma, em caso de abuso, qualquer tipo de responsabilidade pode ser creditada à criança.

Quando o assunto é a sexualidade dos adultos

Falar com eles sobre nossa sexualidade pode ser ainda mais constrangedor do que falar sobre a deles. Mesmo porque, nos melhores casos, temos de fato uma vida sexual e afetiva, o que só faz produzir mais perguntas, surgindo daí mais indecisões sobre o que fazer e que respostas dar às crianças.

1. As perguntas devem ser respondidas com veracidade.

Isso não significa que os detalhes de sua vida sexual devem ser revelados ao seu filho, mas sim que ele tem o direito de saber que ela existe, existiu ou existirá. Como se faz um bebê e por onde ele sai são perguntas que têm de ser respondidas. Não vale escapar dizendo que sai pela barriga. Cesariana é a intervenção médica. Bebês nascem sem essa ajuda e pelo caminho que lhes foi destinado. Use as palavras usadas na família. Atenção! Se por algum motivo eles tiverem informações sobre práticas sexuais e perguntarem se vocês fazem isso ou aquilo, por favor não entrem nessa conversa. Há assuntos que dependem exclusivamente do gosto de cada um e não é preciso sair falando por aí, ainda mais para uma criança. Enfim, é impossível uma criança receber certas informações de forma não traumática, principalmente quando se refere à vida sexual de seus pais. Uma possibilidade de resposta: "Isso já é conversa de adultos, quando você crescer continuamos com esse papo." E não se precipite puxando o assunto, espere. A não ser que seu filho já esteja lá pelos nove anos e nunca tenha tocado no assunto, aí, sim, você deve falar. Mas para perguntar o que ele sabe ou gostaria de saber. Se seu filho ficar muito constrangido, encerre o papo, colocando-se à disposição para quando ele quiser conversar.

2. Esquecemos de trancar a porta – que falta de cuidado!

Geralmente a percepção das crianças sobre um ato sexual é de violência. Se houve o flagrante, tem que parar e ir até a criança para dar uma força. Respire, se inspire e vá falar com ela. "Foi chato, desculpe ter deixado a porta aberta, mas adultos fazem essas coisas. Não era briga." Aprenda a lição e passe a trancar a porta. Afaste o sentimento de culpa, ele é seu filho, você é um adulto e ele é uma criança. Você tem direito e é você quem manda na porta. No entanto, se a situação se repetir, reflita sobre ela com seriedade. Exibicionismo? Com crianças não dá.

3. Quando a criança quer tocar – supercomum e quase inevitável se você fica pelado na frente de seu filho. Seja o pênis do papai, sejam os seios da mamãe (nós aqui outra vez encrencadas com as palavras. O que uma criança quer tocar não se expressa por essas palavras. Seria talvez mais o peru do papai e os peitos da mamãe!).

Muito difícil garantir um clima investigativo científico em um banho, por exemplo, com seu filho querendo mexer com seu corpo. Muito difícil para um adulto ser ensaboado sem entrar no erotismo. E aí não dá! Pense também na hipótese do exibicionismo, lá no fundo da nossa cabeça, escondidinho, mas ativo. Covardia até! Corpos adultos prontos, corpos infantis com poucos atributos. Pode ser que nada disso que estamos falando tenha a ver com você, mas não custa refletir sobre esses aspectos. Claro que, na vida cotidiana de uma família tranquila, um troca de roupa, o outro faz xixi, as crianças vão vendo, perguntando, se interessando. Mas, de preferência, quando as crianças estiverem por perto, evite ficar circulando pelado.

9

Dois assuntos na ordem do dia: bullying e eletrônicos

Aqui, as atualidades! Ahn? Como assim? Você pode argumentar: "A vida das crianças com tantos eletrônicos, tudo bem, é novo mesmo, mas desde quando *bullying* é novidade? Até eu, quando estava na 2ª série, lá pelos anos 80, já era perseguido por um garoto. Ele não largava do meu pé. Sem conseguir falar o R brando, virei, sob seu comando, o Cebolinha da turma toda. E o apelido me enlouquecia!"

Tem razão, a situação em si não é nova. O que mudou inteiramente foi o olhar que temos hoje em dia sobre ela. O que antes, por mais violento que fosse, era geralmente tolerado e tomado como uma coisa de criança, hoje ganhou um nome. Esse batismo, o lado bom dele, significa o reconhecimento de condutas que podem ter efeitos devastadores sobre certas crianças e possibilita ações mais efetivas em seu combate. Merece nossa reflexão, no entanto, a possibilidade de nos escondermos atrás de um rótulo para escapar das sutilezas e riquezas das relações humanas. Englobar sob esse título todos os desencontros entre as crianças pasteuriza as relações. E, paradoxalmente, em vez de aproximar, afasta ainda mais os pequenos convivas.

Afastar! É essa também a grande preocupação dos pais no que diz respeito ao uso dos eletrônicos. As queixas: "Ele não quer mais sair conosco, não tem praia ou futebol que faça ele largar o joguinho"; "Dorme tarde ligado no computador, não acorda para estar conosco, para ver o sol"; "Seus amigos são todos virtuais, ou moram no Japão ou na Polinésia"; "Tá bom, ela tem amigas, mas gasta o dia todo com elas no WhatsApp. E para quem está ali ao lado? Nem um bom-dia!"; "Na rua é capaz de dar de cara com um poste!". Para nós, a sensação de estar longíssimo, quase em Marte; para eles uma nova possibilidade de encontro com seus pares. Mas, espera aí?! Você não tem computador, Facebook? Não usa WhatsApp também? Será que até já bisbilhotou um site de relacionamento? Pois é, pensando bem, talvez não seja tão difícil entender tanta fixação nos eletrônicos...

Passemos então ao principal.

Bullying (ou é apenas implicância?)

Existem situações nas quais fica muito difícil nos posicionarmos. A sutileza que pode existir entre o reconhecimento saudável de diferenças e a marcação dessa diferença como ofensa, humilhação e preconceito frequentemente nos confunde. O mesmo acontece ao se distinguir brincadeiras, piadas e implicâncias bobas de uma atitude propositadamente ofensiva, discriminatória e nefasta.

Abolir as diferenças, partir do princípio de que todos são iguais, seria essa a solução? E não estaria aí o maior de todos os preconceitos? Ou seja, ter de pasteurizar para aguentar conviver? Se somos todos iguais (ou pelo menos deveríamos ser) perante a lei, nos assuntos privados somos mesmo muito diferentes. E é o convívio entre os diferentes, e não a abolição das diferenças, que pode ser enriquecedor. Diferente não é pior nem melhor, é apenas diferente.

Uma outra dificuldade é que nossa diferença não é só com os outros. O drama é que somos também diferentes de nós mesmos! Temos sempre mais de um lado – o legal e o ruim, o solidário e o invejoso, o afetuoso e o frio, o agressivo e o receptivo – produzindo sentimentos contraditórios e desarrumados. Afinal, sentimentos não são na base do ou isso ou aquilo. O que varia de uma pessoa para outra é o jeito de lidar com essas nuances, mostrando, para mais ou para menos, cada uma dessas facetas.

Portanto, atenção! Na construção do que somos, vizinho ao engraçado mora o humilhante; vizinho ao amor mora o ciúme; vizinha à admiração mora a inveja; vizinha à força, a fraqueza. Dessa delicada vizinhança surge o *bullying*. Na dificuldade e no medo de expor sua própria fraqueza, seu mal-estar consigo próprio, o praticante do *bullying* se esconde, buscando exibir a vulnerabilidade alheia.

Podemos escapar dessa divisão que nos constitui? Impossível. A solução é aprender a lidar com ela, a controlar nosso lado terrível. Aliás, tem muita gente que parece que já nasceu sabendo disso, mas há outros que precisam aprender e, portanto, necessitam mais ainda da presença dos adultos que os criam. Então, quando uma criança não conseguiu essa harmonia e partiu para o ataque sistemático e cruel a uma outra ou quando se tornou o alvo indefeso de alguém, o que fazer?

Algumas sugestões, preventivas ou curativas

A diferença entre *bullying* e uma implicância – sempre chata, mas inevitável – é a frequência e a intensidade com que isso acontece. Chamar alguém gordinho de bujão de gás no meio de uma discussão é uma coisa, transformar o xingamento em apelido é outra. Mas como identificar o que é uma coisa e outra quando o limite entre as duas é tão tênue? Ainda mais porque a gente sabe e entende que qualquer baldinho arrancado da mão de um filho já pode desencadear em nossa alma uma certa fúria. Nesse caso, cuidado! Controle-se, segure a paranoia. Se você hipervaloriza uma cena desse estilo e, pior, se seu filho percebe, essa hipervalorização já vai abrindo caminho para ele viver situações de *bullying*, como agressor ou agredido.

Seguem alguns pontos para observar no comportamento de seu filho quando há suspeita de *bullying*, seja como agressor, seja como agredido. Ainda que os dois estejam igualmente precisando da ajuda de responsáveis, os sinais emitidos não são os mesmos.

Nos dois casos:

- Mantenha aberto um canal de comunicação entre você e seu filho. Nas crianças pequenas, esse canal é feito mais de sensibilidade que de palavras.

Quando ele pode ser o agredido:

- Observe as mudanças em seu filho: não quer mais ir à escola, não vai mais para o play? Evita o primo? Passou de alegre a triste, de falante a caladão?
- Acompanhe os encontros sociais das outras crianças ao redor. Tem muitas festas para as quais ele não é convidado? Nunca o

chamam para um programinha? Quando ele cruza com outras crianças, se falam ou fingem não se ver? Observe as reações dele. Chamar o pessoalzinho para a sua casa ou para fazer programas juntos é sempre bom. Assim, dá para perceber a relação entre as crianças, ver quem aceita ou não e por quê.

- Fique atento a situações com potencial de causar desencontros: é o único nepalês da escola, todo mundo no play tem mais de dez anos e ele tem cinco. Fique atento, mas tenha o olhar flexível, pois essas mesmas situações podem ser também as mais enriquecedoras. As trocas e as descobertas nesses casos podem ser deliciosas.
- Repare na forma como ele fala sobre os amigos. Parece muito carente, submisso? Se a resposta for sim, redobre a atenção, invente uma forma de observá-los ou se informe com quem tem mais acesso a eles, como alguém da escola ou a mãe de um amigo.

Quando ele pode ser o agressor (nesse caso, é muito mais difícil para os pais perceberem, pois muitos dos sinais podem ser tomados positivamente por eles):

- Observe sua brincadeira com outras crianças. Percebe que ele tem que mandar sempre?
- As outras crianças tendem a obedecer temerosamente?
- Sua relação com os adultos é arrogante?
- Ouça os assuntos da escola, os acontecimentos do dia, mantenha contato com a professora.
- Olho vivo nos eletrônicos, quais as redes que utiliza e o que costuma compartilhar.

O fato é que é impossível passar pela vida sem ninguém nunca dizer alguma coisa muito chata ou implicar com você. Quando é com filho, então, é horrível, mas não tem escapatória. Por isso, engula e não leve a ferro e fogo: a situação é pontual e inevitável nas relações humanas. Faz parte do viver em grupo. Lembre-se de que a gente não tem afinidade com todo mundo. Mesmo seu filho sendo aquela maravilha, vai ter gente com outros gostos. Não ser convidado para uma festa pode não ser questão de implicância, apenas falta de afinidade. Afinal, seu filho também tem seus preferidos.

A preocupação mais do que justa com os atos de *bullying* pode estar servindo para encobrir a vivência das diferenças inevitáveis e enriquecedoras que existem entre as pessoas. Desde pequenos temos de aprender que ninguém é querido por todos e que ser querido é uma conquista, muitas vezes trabalhosa.

Mas, se você percebeu que é *bullying* mesmo, vai ter de agir. Na escola, marque uma reunião com quem de direito e descarregue. Eles têm obrigação de intervir e resolver o assunto. Em princípio não se meta com as crianças, mas passe a aparecer mais por lá, indo levar ou buscar, comparecendo às reuniões. Marque presença. Acompanhe com seu filho o desenrolar das providências. Se a escola não agir de uma forma que você julgue adequada, comece a considerar se lá é o melhor lugar para deixá-lo.

Se tudo se passar no play, apareça por lá com seu jornal ou tricô, como quem não quer nada. Observe. Talvez sua presença iniba as atitudes hostis. Converse com seu filho para traçarem um plano de ação. Passe a dar incertas por lá. Uma conversa com os pais das outras crianças, ao vivo, geralmente ajuda muito. Mas tem pais que – Deus me livre! – parecem gostar de ter um filho demolidor sem perceberem que ele também está sendo demolido. Outros se recusam a perceber que seu anjinho pode ser um diabinho. Sem essa aliança tudo fica mais difícil, sua vigilância tem de ser redobrada. Olhares sérios para as crianças também vale. Também é permitido torcer para que essa família se mude para bem longe.

Uma questão atual é o *bullying* que se passa no mundo virtual, o *cyberbullying*. Nesse caso o agredido pode estar sendo exposto ao mundo, e não só a um pequeno grupo de amigos. A atitude em relação a essa situação segue o mesmo caminho que a do *bullying* não virtual: estar atento ao que seu filho faz nas redes sociais, como se dirige aos amigos e como se referem a ele. E, em caso de situações de exposição, procure imediatamente os pais dos envolvidos e a escola.

Lembre-se de que tanto agressor quanto agredido têm problemas com sua própria agressividade. Não é raro que a criança inicialmente atacada parta para uma reação violenta e, o pior, ainda seja tomada como o grande vilão.

Uma boa maneira de tocar a vida, e as crianças vão aprendendo no cotidiano, é usar o humor para lidar com as diferenças. Saber levar com mais leveza nossos impasses, brincar com nossas fraquezas, fazer graça de nossa débil condição de sermos como somos, transformando o pior em melhor, com a alegria por estarmos entre muitos.

Nós, as crianças e os eletrônicos

Já que a vida agora é assim, com as crianças cheias de equipamentos, de mídias, de redes e joguinhos, batalhar contra esse universo seria guerra perdida. O que nos sobra, então, é organizar o acesso do pessoal a essas ofertas.

Para começar, como seria fatal já partirmos para a briga, vamos ver algumas sugestões para tentar escapar da confusão. Um aviso importante: não vale ficar nostálgico. Será que as crianças de seu tempo viviam mesmo em cima das árvores, brincando nas ruas, lendo livros maravilhosos? Hummm!? Será? Mão na consciência! Aliás, mesmo que sua infância tenha sido assim, a vida muda... Paciência!

Notaram que, como sempre, começamos com o seu papel na história? Por isso, a pergunta que se impõe é esta: afinal, como é a sua própria relação com os eletrônicos? Trocando em miúdos:

1. Quantas vezes na última hora você interagiu com o celular? Com o computador? Com a televisão? WhatsApp, por exemplo, é o maior quebra-galho, mas, por outro lado, pode ser uma constante interrupção do "seja-lá-o-que-estivermos-fazendo". Nosso aqui e agora se fragmenta, tem sempre alguém vindo de outro lugar, aparecendo e interrompendo os contatos ao vivo. Este uso constante no cotidiano, enquanto estamos com as crianças, só leva à dispersão e ao afastamento. Sério.
2. Quanto você mesmo não se beneficia ou se beneficiou de seu filho ficar em frente a uma tela? Vai ver que desde que ele era um bebê. Criança entretida na tela, pais livres para cuidar de outro assunto.
3. Achar bom quando a gente precisa que eles sosseguem e achar ruim quando a gente quer que eles durmam é natural, vamos dizer assim. Mas vai ter de explicar seu ponto de vista, e com bons argumentos. Afinal, seus filhos buscam justiça.

Então, depois de pensar um pouco sobre sua relação com a tela, algumas medidas podem ser tomadas:

- Chegando em casa, deixe seu celular desligado por algum tempo. Considere que, salvo em momentos em que existe de fato uma situação prévia de alerta, dificilmente o assobio do WhatsApp exigirá uma resposta imediata: o mais importante tem de ser o que você está fazendo com seu filho naquele momento – e é bom lembrar que vocês já estão sem se ver há muitas horas. Porém, pode ser que haja mesmo alguma situação séria a ser resolvida justo quando você está com eles. Nesse caso:
a) se já sabia com antecedência que isso podia acontecer, avise logo à criança e resolva o caso da forma mais rápida possível; não fique trocando mensagens por horas na presença dela.
b) se não sabia que aquele convite tão sonhado ia chegar exatamente naquela hora, o que fazer? Atenda, claro! Mas explique ao pequeno o que aconteceu. Você deve uma satisfação a ele, que está contando com sua presença atenta.

IMPORTANTE: Coloque-se no lugar de seu filho: como se sentiria se estivesse com alguém que o tempo todo interrompesse o que estão fazendo juntos?

Para organizar uma legislação familiar (a cada família, segundo seu estilo) sobre o uso dos aparelhos eletrônicos

AVISO INICIAL: Válido apenas para os casos em que já existe um excesso de uso. Não importa qual seja o apetrecho. Pois – pasmem! –, em alguns casos, na verdade raros, as crianças vão se autorregulando. Os pais entram apenas para dar pequenas chamadas. Ora, a lei não deve anteceder o abuso, mas ser uma consequência dele. Deixar a questão inicialmente entregue a seu filho pode levar à descoberta de um surpreendente bom senso.

Os principais pontos a considerar:

1. A idade do usuário: parece óbvio ter que considerar esse ponto, mas não é simples, não só porque idade é móvel, como os costumes também são. Há poucos anos seria absurdo pensar em criança com celular. Hoje, já relativizamos. Um bom critério é a segurança: ter um celular facilita os pedidos de socorro (Vem me buscar? Estou com medo de dormir aqui...). Mas isso só se coloca a partir da idade em que a criança já tiver certa autonomia para ir para longe, consciência do cuidado e da utilização do aparelho. Neste dia em que estamos escrevendo (tudo muda rápido!) muita gente lá pelos nove anos já usa. Difícil dizer se pode ou não pode. Não é radicalmente nocivo nem radicalmente necessário. Mas, se você resolver a favor, pense pelo menos sobre o modelo do aparelho: não há qualquer necessidade de ser um novíssimo, especialíssimo. Só vai servir para exibição. Não enriquece em nada uma criança usar esses signos como fonte de autoestima. Então, o melhor é que seja simples, para comunicações e joguinhos básicos, do tipo para usar na sala de espera do dentista.
2. Os hábitos da família quando o assunto é videogames ou outros jogos eletrônicos: muitos adultos costumam jogar e, com isso, naturalmente, os filhos já crescem no ambiente videogame. O uso, nesses casos, vai se regulamentando aos poucos, segundo o ritmo da família. Tomar alguma atitude a esse respeito, só se o jogo começar a atrapalhar outras atividades ou virar o único interesse da criança. A vida agora é assim, mas não se esqueça de que as crianças estão em desenvolvimento e, mais do que todos, precisam movimentar o corpo. Não dá para ficar trancado em casa horas a fio, só no joguinho.

3. A relação de seu filho com os deveres de casa, o estudo e as suas responsabilidades: claro que alguém que cuida bem de sua vida pode ganhar tempo para os eletrônicos. Já fez tudo o que tinha que fazer? Não acha que ele merece jogar ao menos até a hora do jantar?
4. A preservação do sono: que o uso da tela afeta o sono todos já sabemos. Enquanto estamos ligados na telinha, com estímulo contínuo, fica difícil desconectar para relaxar e dormir: há sempre uma etapa a ultrapassar, sempre mais uma coisa para ver e descobrir. Diversas pesquisas alertam que a luz emanada da tela afeta o neurotransmissor responsável por nos fazer conseguir dormir. Ficamos ligadíssimos! Esses já são motivos suficientes para deixar os eletrônicos de lado pelo menos trinta minutos antes da hora de ir para a cama.
5. A vida social real da criança: se até mesmo para adultos viver unicamente relações virtuais é preocupante, para crianças, então, nem se fala. Nelas, a vida social, o jeito de se relacionar com os outros, os prazeres e as dificuldades de interagir ainda estão sendo construídos e ainda há muito a ser descoberto. Não dá para permitir que seu filho substitua os encontros ao vivo por pessoas aprisionadas em uma tela. Além disso, os avanços técnicos dos jogos são tão fantásticos que abrem caminho para uma perigosa confusão onde se misturam ações ocorridas na realidade com o que se passa na tela. Grave!
6. A sempre presente possibilidade de confisco desses objetos: que fique claro que é você quem legisla e, por isso, a qualquer momento que julgar necessário pode haver confisco do eletrônico em questão. Mas, como em tudo na relação com crianças, é preciso ser razoável e coerente. Por isso, não ameace a todo momento nem chantageie seu filho. Isso abala o respeito e a confiança que ele tem em você.

7. Sua dificuldade em se identificar com seu filho: é muito difícil para os adultos que não tiveram uma infância eletrônica entenderem o quanto o uso desses aparelhos pode ser saudável, o quanto é também uma brincadeira construtiva. Converse com outros pais, vá a palestras sobre o assunto na escola, procure se adaptar. Afinal, todo esse universo tem realmente um lado superpositivo. Você também sabe disso – senão, precisa procurar saber!

8. O que você oferece como outros interesses e/ou divertimento: é bastante comum os pais reclamarem do uso abusivo da tela, mas não oferecerem opção. Ora bolas! O pessoal de férias, sem nenhum programa, pais trabalhando de sol a sol, nada a fazer. O que resta é mesmo a TV ou os outros apetrechos. Programe atividades, marque com os pais de outras crianças, leve seu filho para fazer coisas que interessem a ele. Ofereça alternativas ao vício.

As redes sociais virtuais: só para reforçar a atenção

Todo mundo conhece os perigos que ficam de tocaia nas redes sociais. Todo mundo sabe que a vigilância tem que ser cerrada. O problema é que, às vezes, até para a gente é difícil se dar conta da extensão do que pode vir daí. Por desconhecimento ou por cansaço, abaixamos a guarda.

Entender o que é estar em casa, em princípio sozinho no quarto, mas na verdade acessando milhões de pessoas no mundo todo é uma abstração difícil mesmo para um adulto. Para uma criança, então, nem se fala. Estar em redes sociais é estar em um espaço público: quando a gente liga a internet, em nosso quarto passa a caber mais gente que num Maracanã lotado.

Por isso:

- Converse firmemente com seu filho sobre os abusos das redes e a possibilidade de as pessoas se passarem por outras. Lembra da Chapeuzinho Vermelho? Pois é. Na internet, é fácil, fácil o lobo se passar por vovozinha!
- Lamentamos, mas vai ter de se meter MESMO na vida dele. Não dá para deixar rolar frouxo. Assuma, sem discussão, o lugar de autoridade. Ele é criança, é seu filho e é você quem tem de cuidar dele. Para isso use filtros, senhas, mecanismos de controle de acesso ao que acha inadequado para crianças.
- Com quantos anos pode ter Facebook, Instagram, Twitter? Garanta que os amigos e os seguidores são controlados e conhecidos. Assim, sob olhares atentos, dá para começar por volta dos dez anos. Mas você não é espião! Por isso, avise que está olhando. O mesmo vale para o celular. Se vai supervisionar eles têm que saber.
- Importante! Você tem de se familiarizar com o funcionamento dessas mídias. Não dá para uma criança usar uma ferramenta que os pais não entendam como acessar e controlar.
- Atenção ao acesso à pornografia. Não são só os lobos que buscam os/as Chapeuzinhos, as próprias crianças muito facilmente acessam sites pornográficos. Basta escrever qualquer bobagem do tipo bumbum, que o caminho já se abre. Aqui de novo: filtro e ferramentas adequadas de bloqueio podem ser usadas. Mas nunca se esqueça de que estamos falando de crianças: sua aproximação e interesse pelos assuntos da sexualidade adulta em hipótese alguma as transforma em seres condenáveis. Tome esse interesse excessivo como um pedido de ajuda. Ajude, então, não permitindo esse acesso. Crianças ainda não têm elementos psíquicos suficientes para digerir pornografia.

Canais de YouTube

Tudo muda tanto nessa área, que nem mesmo a cigana pode dizer como será o depois de amanhã! Muito em voga neste momento é o uso do YouTube. Os canais do YouTube são uma maneira fácil de se atingir milhões de pessoas, e eles tratam de assuntos diversos — músicos e artistas independentes querendo mostrar seu trabalho, adolescentes falando das suas questões, especialistas em videogame que criam materiais de ajuda para jogadores, tutoriais ensinando a fazer tranças, a se maquiar, a paquerar... Tem de tudo. E não é assunto só de adolescente. As crianças também vivem navegando por lá. É fácil acessar e muito fácil também criar seu próprio canal. Então, preste atenção aos movimentos de seu filho nesse mundo: ele criou um canal? Para quê? Para quem? Tem muitos acessos? Participe, acompanhe! O destino que um canal toma pode se transformar tanto em novo motivo de autoestima como em nova fonte de aborrecimento: imagine se nem o melhor amigo foi olhar o que seu filho fez com tanto empenho... Droga!

Os youtubers, como são chamados os donos dos canais, podem chegar a ter milhões de seguidores (13 milhões, por exemplo, em um dos canais mais acessados do Brasil), influenciam comportamentos, vendem produtos, chegando a lucros absurdos. Esteja por perto, assista com seu filho a esses canais, veja o que anunciam, converse sobre os assuntos que veiculam.

Mesmo que não esteja interessado em novas formas de resolver os desafios dos jogos ou nos últimos passos de *streetdance*, não se esqueça de que tudo isso também é parte do universo constitutivo de seu filho.

Muito obrigada a Vera Cristina Feitosa, que nos acompanhou com tanta delicadeza na escrita deste livro.

 A marca FSC é a garantia de que a madeira utilizada na fabricação do papel deste livro provém de florestas de origem controlada e que foram gerenciadas de maneira ambientalmente correta, socialmente justa e economicamente viável.

Este livro foi composto em The Sans e The Serif 9,5/15 e impresso em offwhite 80g/m² e cartão triplex 250g/m² por Geográfica Editora em junho de 2016.